わたし しかつくれない
アクセサリーを
パーツからつくる
アイデアと
方法を ページのなかに
さがしにいこう

2つのひみつ

いまはまだ
世界のどこにも見つからない
世界でたったひとつ
すてきなかたち きれいないろ
それは たとえば わたしにしかつくれないアクセサリー
それを あなたがいまいる世界で見つけるための
2つのひみつ

ひとつめは "スケッチ" をする
わたしが見つけたいかたちをさがして 絵を描く 落書きをする
何度も重ね 消した線のむこうに うっすら気になるかたち
すがたが見えたら ペンをおく

2つめは"指"を動かす
スケッチに素材を重ね パーツを次々のせては とりかえていく
そして 指がとまったら
素材やパーツがスケッチのイメージと
重なったら はじめて考える
「どうやってつくろう？」

この本のなか
つくる素材 つくりたいしあげの
イメージにぴったりの
ページをさがしてごらん

紙の素材を
ブローチにするには
どうしたらいい？

写真をアクセサリーにしたり
布と縫いあわせはできるの？

刺繍ははじめて
でも、糸だけでつくった
立体のモチーフをのせてみたい。

見ためはレース
でも、ふわふわじゃない
ガラスみたいな
しあげにするには？

ブローチ製作／原田ひこみ

もくじ

#1 樹脂・レジン　008
01 レジンをそのままのせるだけでつくる
02 絵を描いてアクセサリーのモチーフづくり
03 既成の"セッティングパーツ"をアレンジ
04 自分で見つける セッティングパーツの
　　かわりに使える こんなもの
05 オリジナルの型でレジンパーツをつくる
06 レジンパーツのしあげ テスト比較
07 レジンにいろあいをつける４つの方法
08 レンズのようなふっくらレジンパーツをつくる

#2 刺繍　026
09 基本のステッチ ぬのぐるみのアクセサリー
10 かんたんスタンプワークで立体パーツをつくる
11 紙に刺繍したパーツでアクセサリーをつくる
12 花に刺繍してアクセサリーをつくる

#3 クレイ・粘土　038
13 陶器のような一点ものの
　　アクセサリーをつくる
14 オリジナルのデザイン
　　パーツをたくさんつくる
15 パーツにしたいと
　　思ったものを
　　見つけたら
16 自分だけの
　　クレイパーツのテクニック
17 透明なクレイパーツで
　　アクセサリーをつくる

#4 フェルト　052
18 ちいさなつぶをアレンジ
　　パーツのかたちに
19 いろんな玉のかたちの
　　バリエーション
20 シルエットの
　　モチーフパーツをつくる

#5 ソーイング　060
21 布やプリント生地のかけらでパーツをつくる
22 布手芸パーツのアクセサリーをつくる
23 "ぬのぐるみ"で
　　パーツをつくる

#6 編みもの 072

24 かんたん編みもの モチーフをつくる
25 パーツにおすすめ 基本モチーフ
26 モチーフをひもでつないだ
   アクセサリー

#7 ワイヤー 080

27 ワイヤークロッシェのパーツをつくる
28 ワイヤーで平面のパーツをつくる
29 ワイヤーで立体のパーツをつくる

#8 ペイント 088

30 ぬのぐるみにペイント パーツをつくる
31 いろんな素材にペイント比較
32 プラ板でペイント パーツをつくる

#10 ネイルアート 104

36 自分でデザイン パーツをつくる
37 アメリカンフラワーの手法で
   パーツをつくる

#9 クラフト・工作 096

33 モールでモチーフパーツをつくる
34 折り紙でモチーフパーツをつくる
35 クイリングでパーツとアクセサリーをつくる

#11 基本の道具と 基本の知識 112

技法指導作家さん プロフィール 125

この本の読み方 使い方

しあげの方法や素材選びをテストして ページにのせました

テストの結果をページに一覧
比較できるよう写真で掲載しています。
つくりたいイメージにあった
しあげの方法や素材など
ぴったりのものを
見て読んで選べます。

ひとつのアクセサリーの完成まで いくつもの知識や方法のページに つぎつぎご案内

掲載内容に関係する
情報の掲載ページを
わかりやすく紹介。

金具を選ぶ・つける
方法は 112 ページへ　→P.112

パーツを
つかった
作品例

ページに掲載した手法それぞれの、完成試作例とバリエーションを掲載。

この本は「くりくり」編集室が つくりました

手づくりのたのしみ すてきないろとかたちがいっぱいの
マガジンスタイルのブックス。
この「パーツからつくるアクセサリー」に掲載された
いくつかのオリジナルのアクセサリーをつくる方法も
「くりくり」のページで試作、発表されたものです。

最新号は全国の本屋さんで発売中
バックナンバーも注文できます

この本の姉妹版 "くりくりの本" の ブックシリーズもあります♪

"1000の手芸"を集めて1冊にのせた「かわいい手づくり雑貨」と
続編「もっとかわいい手づくり雑貨」「夢みるかわいい手づくり雑貨」
"100のつくり方"の本。こちらも二見書房より発売中です♪

いままで見たことのない
オリジナルのパーツや素材をつくれる方
アイデアをかたちにしてみたい方　いらっしゃい♪

「くりくり」編集室が運営する東京のスカイツリーの街 押上の
ＡＭＵＬＥＴでは、お店でのオリジナルパーツや生地などの販売の他
年4回の渋谷エリアでのギャラリースペース、常設ショーケースなどで
"パーツ作家"として、作品の試作、関係イベントに参加いただける方
作家さんを随時さがしています。

http://amulet.ocnk.net/　　http://amulet-blog.cocolog-nifty.com/
Twitter @ AMULETomise
連絡先　ishizaka@mbe.nifty.com　　tel&fax 03.6456.1172

2液をまぜる"クリスタルレジン"
紫外線ですぐに固まる"UVレジン"　2つの方法の違いとポイント

● クリスタルレジン

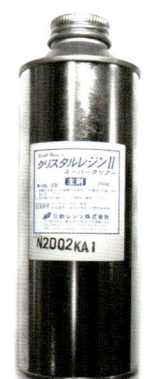

エポキシ樹脂の"主剤"と"硬化剤"の2液をまぜた
溶液でつくる方法。価格はUVレジンの樹脂にくらべ
安価ですが、硬化まで1日〜2日の時間が必要。

硬化剤

①

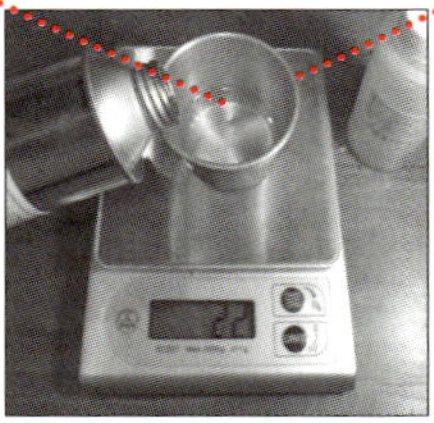

主剤

使用するクリスタルレジンの配合比の例
・クリスタルレジン　　主剤：硬化剤　100：50
・クリスタルレジン2　主剤：硬化剤　100：40
説明書で確認して、それぞれを計量し
ひとつの容器に入れます。

②

2液をゆっくりとよくまぜあわせ
気泡が気になる場合はすくって
取りのぞいた後、アクセサリー
づくりの作業へ。

● UVレジン

UVライト
（株式会社パジコ）

ピンバイス

1液のみで使用可能。紫外線で硬化し
UVライトに入れれば2分程度。
晴天時の太陽光なら30分程度で固まります。
価格はクリスタルレジンより高め。

UVレジン "太陽の雫"（株式会社パジコ）

パーツとして
取りつけ用の
穴を開けるなら

工作用の穴開け道具"ピンバイス"
先端のドリルの刃を取りかえ
穴の直径の変更ができます。
本体と刃をまっすぐにしっかり
入れないとぐらついて
うまく使えないので要注意。

何度ものせては固め
立体感のあるレジン作品を
つくるなら短時間で固まる
UVレジンがおすすめ。

モチーフをのせて
レジンをそそぐだけで
かんたんにアクセサリーを
つくれる"セッティング"の
金具やパーツもいろいろ。
お店やネットショップで
見つかります。

♯1 樹脂・レジン

透明なガラスのような樹脂のなかに
きれいなもの ちいさなかけらをとじこめる
かんたん だけどひとりひとり違うアイデアを
かたちにできます

樹脂が厚くておおきな
アクセサリーが希望なら
2液タイプのクリスタルレジンが
材料費も安くつくれます。

手法とアイデア 01

レジンをそのまま のせるだけでつくる

技法指導　🖉 p.125 とくだみゆきさん

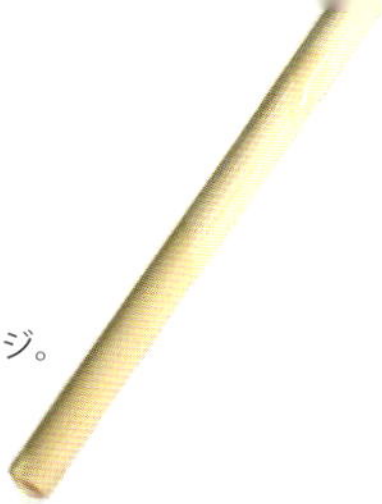

いままでのアクセサリーでは見たことのない
素材にレジンをそそいでのせて かんたん たのしい
きらきら ものづくり

道具・材料 / クリスタルレジン、計量はかり、紙コップ、割り箸
　　　　　サランラップ、ブローチ金具、瞬間接着剤、お菓子各種

完成後のアクセサリーの
かたちをイメージしてアレンジ。
レジンのすくない部分には
割り箸などでそそいで追加。

ほんもの♪ スウィーツアクセサリー

① クリスタルレジンの主剤と硬化剤を商品説明で指定された割合で紙コップなどにそそぎます。

② 割り箸などでゆっくりよくまぜます。

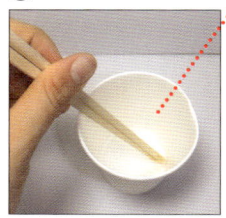

③ よく乾燥させておいた素材をレジンのコップのなかに入れ、全体にレジンがしっかりついたらよぶんなしずくをふり落とし、ひろげたサランラップのうえにアレンジしていく。2〜3日以上そのままよく乾かします。

④ 乾燥後、裏面に強力タイプの瞬間接着剤、またはエキポシ系の2液混合タイプの接着剤でブローチ金具をつけます。

クッキのブローチ。
お菓子のほかにも
アクセサリーにすると
たのしい "ほんもの" の
素材をさがしておなじ方法で
ものづくり。

アクセサリーにしたい
お菓子の素材は
水分がなくなるまで
しっかり乾燥させてから
レジンをのせます。

樹脂・レジン / P.011

それぞれの素材にあわせて "スウィーツアクセサリー" づくり

ラスク

1. ラスクをしっかり乾燥させる。
2. 平皿などにラップをしきラスクを入れレジンを流しこみます。
3. よぶんなレジンを落としたらサランラップのうえでよく乾くまでおいておきます。

パーツをつくった作品例

ラスクの耳の部分や
砂糖がまぶしてある
表面の凸凹部分まで
レジンをしっかりつけます。

アソート

マーブルチョコ、クッキーマカロニなど、いろんなお菓子の素材をいっしょにつくりとかわいいブローチやアクセサリーもつくれます。

キャンデーの包装紙

いろのきれいなキャンディーの包装紙を4、5等分くらいにやぶり、レジンのなかに入れ全体についたらよく乾かす。

レジンをのせると
金属のような光沢が。
包装紙には見えない
きれいなアクセサリーのできあがり。

レジンのはみ出しが気になる部分は
乾燥後、はさみで切り取る。

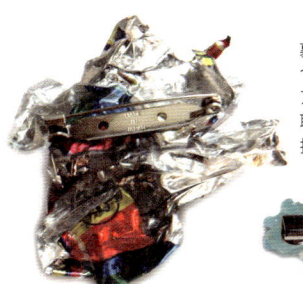

裏面に
つくりたい
アクセサリーの
取付け金具を
接着剤でつけます。

手法とアイデア 02　　　　　　　　　　　　　　　　　技法指導　p.125 神保町手芸部さん

絵を描いてアクセサリーのモチーフづくり

絵やイラストを自分で描いた紙の素材をレジンで固めれば　アクセサリーのモチーフパーツのできあがり

道具・材料 /UV レジン、UV ライト、または、クリスタルレジン
　　　　　アルミホイル、ボンド、ペン、ピンバイス、はさみ、楊枝、ペンチ、丸カン、その他、希望に応じ彩色の画材など

① モチーフになる絵を描きます。おなじ絵柄のモチーフを複数つくりたい時はコピーをします。

彩色したい時はいろをのせておきます。

② つくりたいモチーフのかたちになるように絵をカットします。

③ アルミホイルや厚紙の下地に絵をボンドで貼りつけます。

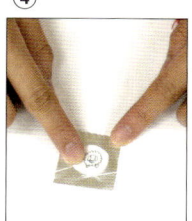

④ 数分後、やや乾いたらはがれないように再度押さえておきます。

⑤ ★ここでは UV レジンの方法をご紹介。液剤をたらし、もしも気泡ができたら楊枝を使って取ります。

⑥ UV ライトに2 分ほどあてると硬化します。
★クリスタルレジンの場合は1 日〜2 日置いておきます。

⑦ まわりの余分な部分をカットしてモチーフのできあがり。

下地の素材やカットの違いでモチーフいろいろ

周囲のアルミホイルの下地がのこるよう絵をカットしておくときれい。

プリント生地の下地にパーツに。

厚紙を下地に裏面にもＵＶレジンをのせてライトにあてて両面きれいなモチーフに。

樹脂・レジン / P.013

パーツに加工する方法

ピンバイス（p.8）で2mm程度の穴を開けます。穴に丸カンなどの金具を通しアクセサリーづくりのパーツにします。

金具を選ぶ・つける方法は112ページへ →P.112

既成の金物パーツと組みあわせて。

下地の厚紙といっしょにちょうちょにカット。ブローチです。

絵を描くかわりに洋書の文字を切り貼りして、レジンで固めて。

紙の図案やシールを活かして。

パーツに使った作品例

厚紙を下地に絵のはしをぎりぎりにカットしてレジンを厚めにのせたちいさなピアス。

技法指導 ▶ p.125 うかりさん

手法とアイデア 03
既成の"セッティングパーツ"をアレンジ

ちいさなモチーフをのせるだけ オリジナルアクセサリーがつくれる "セッティングパーツ" をつかって
自分にしかできない世界でひとつ すてきなものづくり

セッティング金具でつくる基本の方法

アクセサリーショップで販売されている定番の真鍮金具をつかって

道具・材料 / 市販のセッティング金具、UVレジン、UVライト、または、クリスタルレジン
水性ニスまたはジェルメディウム（画材店、デザイン用品店で購入可能）、楊枝
ピンセット、布、紙、その他のモチーフ素材など

透明素材、紙素材など
レジンのなかで透けて
浮いているように。

① セッティング金具の下地に布や紙をしきたい時はジェルメディウムか水性ニスを塗り乾かします。レジンがしみこまず絵柄をはっきり見せることが可能。

② 下地のうえにかざりたいモチーフをアレンジ。位置がきまったらレジンをモチーフの表面がつかるくらいまでのせます。

③ 気泡が出たら楊枝でよせてつぶします。
★UVレジンの場合はライトをあてる。クリスタルレジンなら硬化するまで待つ。

④ さらにモチーフをうえにのせレジンの層を通して奥行き感を出したいときは②③とおなじ行程を重ねて盛りあげていく。

レジンのなかにいれる素材と効果

ネイルアート マニキュア素材 
光沢感のあるマニキュアラメ入り素材を下地に塗り重ねて奥行き感を表現。

透明素材 
透明な転写シールや半透明のセロファンの小片をレジンのなかにいれると水のなかに浮かんでいるように。

写真印刷素材 
コラージュの世界をガラスのなかに閉じ込めたちいさな絵画のような作品に。

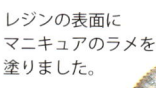

レジンの表面にマニキュアのラメを塗りました。

セッティング金具、真鍮パーツ、転写シール（株式会社パジコ）

樹脂・レジン / p.015

いろんなセッティングパーツをつかって

お店で見つかる素材 かたちもいろいろ ほんとうはセッティングパーツじゃないけど つかえるものも♪

定番の真鍮パーツはかたちもいろいろ。

額物風のクラシックなデコレーション金具。

吹き抜けタイプ。サランラップを敷いてレジンをそそぎます。

プラスチックのかわいいかたち。

四角のバリエーション切手をアレンジ。

お菓子の作品（p.10）のように押し花やパールにレジンを割り箸でのせて。

まるで空中に浮いているよう。

まわりは絵の具で彩色。森の赤ずきんの絵にレジンをのせて。

型抜きでレジンパーツがつくれるモールドをつかうと……

① レジンをいれながら途中でモチーフや飾りラメなどを各層にいれて立体感のある世界をつくります。

② レジンの硬化後やわらかいモールドをまげればかんたんきれいに取りはずしが可能。

ジュエルモールド（株式会社パジコ）

表面をやすりなどで整えピンバイスで穴を開け、ボンドをした穴にヒートン金具（p.117）をいれるとオリジナルパーツのできあがり。

手法とアイデア 04

自分で見つける セッティングパーツのかわりに

お店で買えるセッティングパーツではつくることのできない ひとりひとりの手づくりのかたち
お部屋のなかで見つけたもの 休日のお散歩 旅先で見つけたものにレジンをそそいだアクセサリーパーツたち

技法指導 p.125 うかりさん

砂浜でよく見つかる
海の波にもまれて角がとれ
まるくなったいろいろな
ガラスのかけら。
レジンをのせた部分だけ
透明感が増してきれい。

カボション金具などの
裏側の凹みのある部分を
パーツの表側にして
レジンで"風景"を
描くようにつくりました。
丸カンの金具もいっしょに
いれて取付け金具に。

フリーマーケットで
見つけたむかしのもの。
サランラップをしいて
レジンをそそぎました。

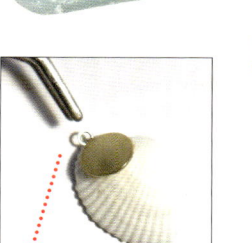

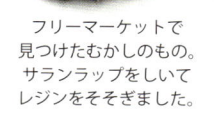

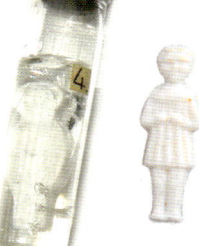

ビンのなか
レジンを水のように
満たして
ちいさな思い出を
永遠に閉じこめて。

ピンバイス（p.8）などで穴を開けにくい
ガラスやびびの入りやすい素材は
接着剤でつけられる取付け金具で
パーツにアレンジ。

レジンに穴を開けねじこむ
ヒートン金具（p.117）なら
いろんな素材をパーツに
アレンジがかんたん。

樹脂・レジン / P.017

使える こんなもの

貝がらをそのまま使って
世界でたったひとつのセッティングパーツに。
ちいさな海からの贈りもの。

こわれてしまった
アクセサリー
陶器の人形のかけら
スプーンにのせて
レジンで固めて。

金具を選ぶ・つける
方法は113ページへ →P.113

焼菓子やゼリーの型に
きれいなもの、レジンを入れて
裏にブローチ金具を取りつけて。

気にいった写真やイラストのコピーを
ビンの栓の裏に水性ニスか
ジェルメディウム（p.14）を塗って
貼りつけ、レジンをのせて
かわいいバッジに。

100円ショップで見つけた
シリコン製のお弁当
おかずカップを型抜きの
モールド（p.15）のように
使って絵や写真の切り抜き
モチーフを入れてレジンを
そそぐとおおきく厚めの
ペンダントヘッドのできあがり。

手法とアイデア 05

オリジナルの型でレジンパーツをつくる

偶然見つけたもの 自分でデザインしたもの オリジナルのかたちのパーツをつくる型取りのテクニック

立体の素材から型取りをする

道具・材料 / 原型にするもの、ブルーミックス、計量スプーン、ビニール手袋

技法指導 → p.125 Ange epais さん

① レジンでつくりたいアクセサリーパーツの原型にするものを用意。今回は落花生を選びました。

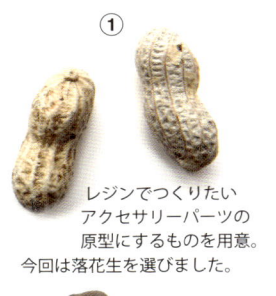

原型には型取りのとき、粘土素材のまわりこみがないかたちを選びます。

② 型をつくる素材となるブルーミックス（p.38）を用意。商品説明をよく読み２つの素材を計量します。

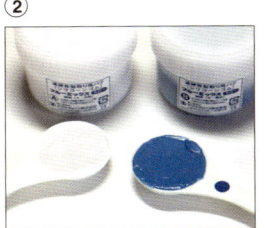

③ ビニール手袋をしてブルーミックスの素材をまぜあわせます。途中、空気が入らないようちぎって、重ねていくよう練りこみます。

④ 全体が均一ないろになるまでしっかりまぜあわせます。

自分でデザインして原型をつくりたい時は粘土からつくるページへ → P.42

⑤ まぜあわせたブルーミックスを原型にするものより一回りおおきくなるよう整形。

⑥ 原型にするものをゆっくり押しつけるようにして埋めこんでいきます。あまり強く一気に押すと型のかたちがぶれたり原型が割れてしまうので注意。

⑦ ちょうど半分のところまで原型を埋めこみます。エッジの部分を指かへらなどでならして完了。硬化を待ちます。

②から⑤の作業で、もう一方の型をつくるためのブルーミックスの素材を準備。最初の片面が硬化したら、原型にするものを入れたままブルーミックスを重ねて埋めこみ、もう一方の面を型取りします。

⑧

樹脂・レジン / P.019

⑧

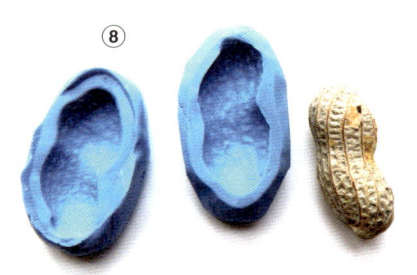

原型とおなじかたちの立体パーツがつくれる
ブルーミックスの2つの型ができました。

ブルーミックスより安価な
おゆまるくん（p.21）でも
表面に凸凹のあるような
原型からなら、ほぼおなじ
型がつくれます。

完成した型からパーツをつくる

つくりたいアクセサリーにあわせて、片面が平面のパーツか、左右の型をつかった両面立体のパーツを選択。

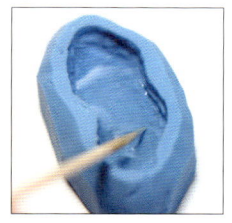

①
レジンをすこしそそいで
型の表面の気泡を取る。

②
なかの飾りのパーツを
入れてレジンをそそぎ
なじませる。
楊枝などで気泡を取り
硬化するまで置いておく。

③
片面パーツの時は
固まったら型から抜いて
ピンバイスで穴を開けて
ヒートン金具（p.117）を
取りつけます。

④
表面に水性ニスを塗って
片面パーツのできあがり。

⑤
両面が立体のパーツをつくる時は
左右それぞれの型を用意。
①と②の作業をそれぞれおこない
2つの平面パーツを作成します。

⑥
左右の2つの
平面パーツをあわせ
合間の部分に筆でレジンを
塗って硬化を待ちます。
固まった後ではみ出た部分を
カッターかやすりできれいにカット。

⑦
③と同様に穴を開けて
ヒートン金具をつける。
水性ニスを塗って
できあがり。

技法指導 p.125 Ange epais さん

手法とアイデア 06
レジンパーツのしあげ テスト比較
型にレジンを入れるときのモチーフの選び方　加工の方法　表面のしあげのさまざまなバリエーション

表面をニス塗り
パーツ / ドライフラワー、淡水パール、ビーズなど

透明マニュキア トップコート
表面に光沢感が増し光をうけるときれい。トップコートの色調で表情もかわる。

表 / ラメマニュキア 裏 / ブラウンマニュキア
裏面に半透明のマニュキアのいろを塗ることで奥行感がアップ。

なかに紙を入れる
パーツ / 切手、金属チャーム、淡水パール・ビーズなど

紙の表面 加工なし
紙にレジンがしみこみ半透明のようなあわい感じに。

紙の表面 水性ニス塗り
ニスまたはバーニッシュを塗っておいてなかに入れた紙はレジンがしみこまずくっきりはっきり見えます。

なかにビーズを入れる
なかが見えやすいよう表面にトップコート塗布

透明ビーズを入れる
透明なもの、表面がキラキラにコーティングされたものもの穴の部分にいろのあるものいくつもの透明ビーズが水のなかの泡のよう。

いろつきビーズをいろいろ入れる
天然石、半透明、不透明なものなどそれぞれの透明感の違いがレジンのなかで強調されます。

パーツでつくった作品例

おなじレジンのかたちがいくつもつくれる型でもしあげの方法しだいでまったく違うパーツとアクセサリーがつくれます。

樹脂・レジン / p.021

型取りの素材をかえる

表面に凸凹感のある原型の場合

ブルーミックス　　おゆまるくん

原型の表面が凸凹感やざらつきのある素材だと、ブルーミックス、おゆまるくん両方とも、くもりガラスのような表面でほとんど違いはありません。

型取りの素材ブルーミックスのかわりに安価な素材 "おゆまるくん" を使うと

★ お湯ですきなかたちがつくれる造形粘土 "おゆまるくん" は全国の大型の文具店、100円ショップなどで購入可能。

表面が平面の原型の場合

ブルーミックス　　おゆまるくん

原型の表面の細かな質感をそのまま移し繊細なしあがりになります。

おゆまるくん自体がつるつるした表面のため原型よりつやつやした平坦なしあがりになります。

表面をエンボス加工

パーツ／レース

彫刻刀でエンボス彫り込み

表面にトップコートを縫った後にエンボス。手作業感を表現。

彫り込み後マニュキアで墨入れ

彫刻後にブラウンのマニュキアを塗りかるく除光液でふき取る。溝に残ったいろあいがエンボスを強調。

磨く

パーツ／レース、淡水パール

ネイル用紙やすり

凸凹をならした後全体に光沢がでるまで磨きます。

パウダー

パーツ／レース

マニュキアトップコート後パウダー

表面のパウダーの反射の光と陰が凸凹感を強調陰の部分は、なかが透けて見えます。

経年変化

クリスタルレジンは硬化後、時間が経過すると当初に無色透明にやや黄ばみ、セピア風のいろあいが加わる傾向があります。こちらは、2年程度が経過したもの。

手法とアイデア 07

レジンにいろあいをつける4つの方法

レジンの透明感を活かしたまま つくりたいイメージにあういろあいをアクセサリーにつけるテクニック

素材を使用してレジンにいろがついて見える方法

①
アレンジしたい
いろつきの紙を用意して
パーツのかたちにあわせて
カットします。

②
レジンが染みこまないよう
いろつきの紙の裏表に
ジェルメディウムか
水性ニスを塗って完全に
乾燥させます。

★ジェルメディウムは画材店
デザイン用品店で購入可能。

③
セッティングパーツに
紙をおさめて、なかに入れたい
モチーフ、素材をセットして
レジンを流しこみます。

できあがり。
アンティーク風な
鳥たちのイラストが
描かれている
きれいな
いろの台紙を使用。

パーツを
つくった
作品例

セッティングの下地にいろを塗る方法

★顔料をつけすぎると
レジンが硬化しないので
要注意。

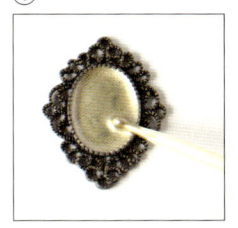

①
セッティングパーツに
うすくレジンを流しこみ
顔料を入れて
なじむようにまぜます。

②
一度硬化させてから
再びうすくレジンを流し
もう一度、硬化させます。

③
いろのうえにアレンジする
素材をセットし、レジンを入れ
さらに硬化させます。

できあがり。
セッティング金具に
メタルシルバーの
塗料をいろづけして
アンティーク風な
お花ブローチに。

セピア調のいろあいを背景に
モチーフ、押し花をアレンジ。

技法指導 ③ p.125 La Ronde Des Fees さん

樹脂・レジン / P.023

レジンに直接 いろを付ける方法

①　②　③

2液タイプの
クリスタルレジン（p.8）の
場合のみとし、エナメル系
透明塗料と2液でつくった
レジンの液をよくまぜて
いろづきレジンをつくります。
まぜる際に、塗料の量で
いろの濃さを調整します。

いろづきのレジンを
セッティングパーツや
モールド（p.15）に流し
入れて硬化させます。

★素材を入れる場合は
　いろが濃すぎる"いろ移り"が
　おこりやすいので注意します。

部分的に
いろをつけたい場合は
レジンをパーツや
モールドに少量
流し入れてから
竹串などの先端で
少量の塗料をつけて
硬化させます。

できあがり。
海に沈むヴィンテージパーツのヘアピン
ブルーのレジンが海をイメージさせます。

塗料や顔料をつかわないでいろづけしたように見せる方法

①　②　③

天然石のような
透明なものにいろが
ついている素材を
用意します。

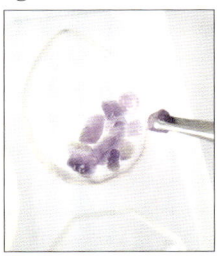

セッティングパーツや
モールド（P.15）に
レジンを少量そそいで
天然石のチップを入れて
硬化させます。

飾りの素材を入れて
レジンを流しこみます。
天然石どうしの境目が
あまり見えないので
部分的にいろづけ
したように見えます。

できあがり。
天然石のアメジストチップのいろあい。
押し花のむらさきをコラージュした
きれいなネックレス。

手法とアイデア 08

レンズのようなふっくらレジンパーツをつくる

レジンを通して下地やなかのモチーフがレンズのように大小、ゆがんで見えるたのしいアクセサリーパーツ

型に流しこんでつくる

技法指導 p.125 La Ronde Des Fees さん

① 厚みのある曲面、球面のモールド（p.15）を用意。または p.18 の方法でオリジナルの型をつくり下の層の素材を入れます。

② レジンを入れ硬化したら上の層の素材を入れてレジンを型のうえまでそそぎ、再度硬化させます。

③ 硬化したらモールドから取り出します。レジンに入れた素材がレンズの効果で大小ゆがんで見えるパーツが完成。

④ ヒートン金具（p.117）を取付けアクセサリーパーツに加工します。

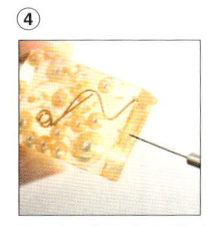

レジンを重ねて自由なかたちをつくる

技法指導 p.125 うかりさん

水滴のかたち

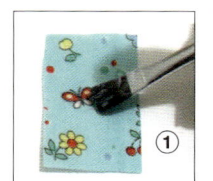

① 布を用意し、パーツにしたい部分をおおきめにカット。底になる部分に水性ニスかジェルメディウムを塗ります。

② ペットボトルのキャップ部分のなかに、布を押しこむように入れてレジンを水滴のかたちになるようのせます。

③ レジンがぷっくりきれいにしあがったらまわりの布を切ります。

④ ふちをやすりで削ってきれいにする。半透明になった部分は、筆でレジンを塗り透明にしてできあがり。

金具を選ぶ・つける方法は 112 ページへ →P.112

ゆがんだ真珠のかたち

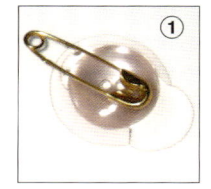

① サランラップのうえにレジンを盛り、土台となる部分を硬化させる。

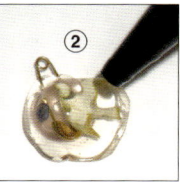

② すこしずつレジンを重ねて球のように盛っていきます。細かいところは筆で盛りつけます。

③ 片面が完成したら粘土にパーツを固定。裏面をうえにして①②とおなじようにレジンを塗り重ねます。

④ 全体のかたちを見ながらやすりで削ったり、筆でレジンを塗ったりしてしあげます。

樹脂・レジン / p.025

レジンでパーツからつくった
ひとりひとりのアクササリー

製作 ⓐ **p.125** La Ronde Des Fees さん

パーツを使った作品例

エナメル系の透明塗料でレジンにいろづけ（p.23）ちいさなしずくのかたちのアクササリー。

むかしのパリの絵はがきの図案をレジンに入れて。

レジンをなんどものせてつくったおおきなペンダントヘッド。

製作 ⓐ **p.125** うかりさん

製作 ⓐ **p.125** Rico さん

水滴のかたちのなかレンズを通したように下地の文字が浮かぶ。

型にレジンを入れてものづくりのためにずっと集めてきたちいさなきれいなモチーフをいくつも入れてつくりました。

図案を刺繍に写す方法と基本のステッチ　S/ステッチ

● 布への図案の写し方
（転写ペーパー不用タイプ）

ソフト・トレーシングペーパー
& 専用転写チャコペン
（チャコエースなど）

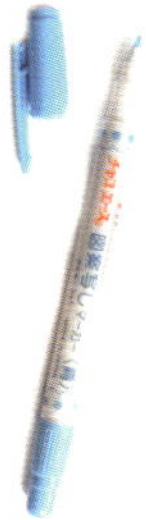

ストレート S

繊細な直線を糸で描く時に。

アウトライン S

線の間や面をうめる時に。

チェーン S

くさりのようなラインを描きます。

バッグ S

きれいな曲線やつながる線を描く時に。

フレンチノット S

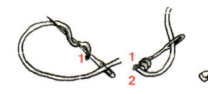

まるい点のようなかたち。まく回数を増やせばおおきなかたちに。

ランニング S

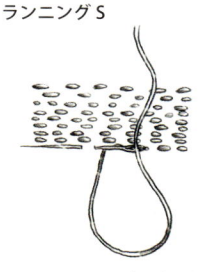

間隔をあけてつづく線を表現。

サテン S

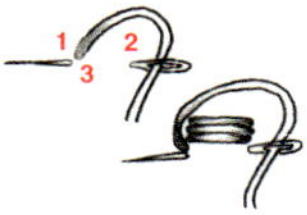

面をうめる時の基本。異なる方向に重ねて刺すとふくらみを表現。

レゼーデージー S

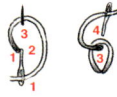

ちいさな花や葉を糸で描く時に。

クロス S

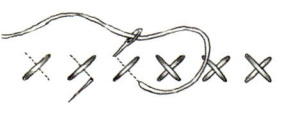

連なる×のかたち。何色もいくつも組みあわせかたちを表現。

① 刺繍にしたい絵柄や写真、図案を選びます。

チャコペンをトレースするとき下絵にもインクがのってしまうのでコピーをしたものを使うのがおすすめ。

② 下絵のうえにトレーシングペーパーをおきチャコペンで図案を写します。

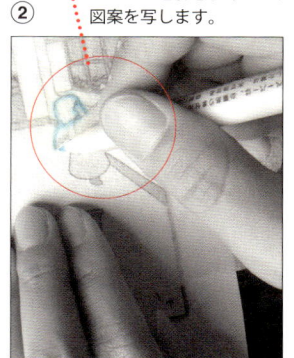

③ 布の刺繍をさす位置を決めて図案を写したペーパーをのせてふたたび、なぞります。

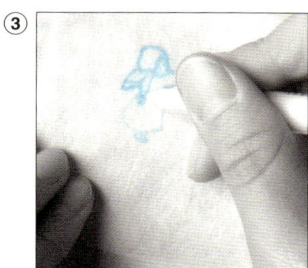

★ペーパーを表裏逆にすれば下絵を左右反転させて図案を写します。

④ かんたんに布に図案を写せました。

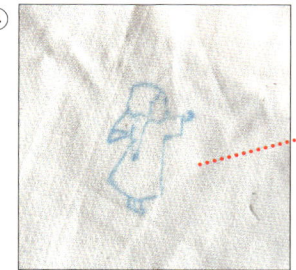

★水をすこしつければ部分を消して修正できます。

♯2 刺繡

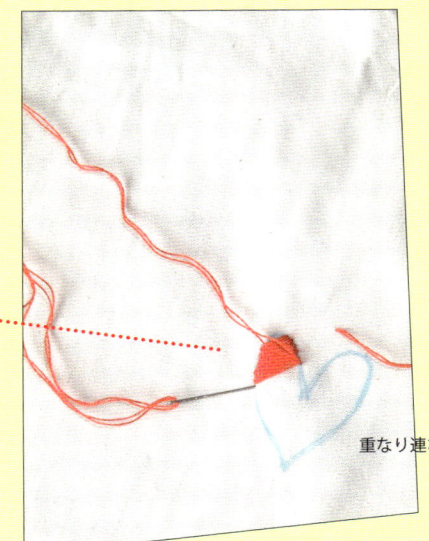

布小物やバッグ、服のデティールを飾る
刺繡の方法でつくったパーツ
紙や押し花、意外な素材に糸を刺した
モチーフでつくるアクセサリー

重なり連なる糸が面を描き、パーツのいろとかたちへ。

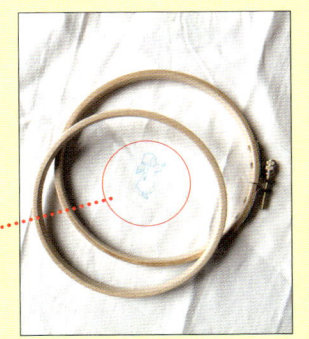

⑤
きれいに刺繡を刺したい時は刺繡枠を使います。枠でとめるまわりの部分をのこせるよう刺繡を刺す位置を決めること。

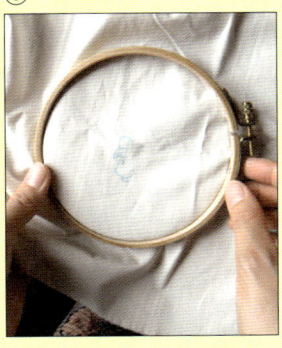

⑥
おおきな枠を手前に、ちいさな枠で布を下からはさみこんで金具でしっかりとめます。

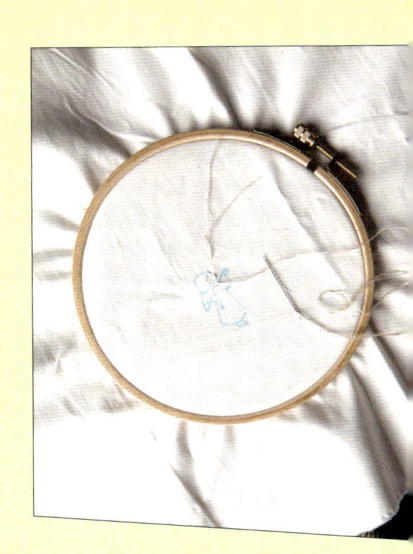

最初のひと刺し。刺繡のはじまり。

手法とアイデア 09　　　　　　　　　　　　　　　　　　技法指導　p.125 酒井響子さん

基本のステッチ ぬのぐるみアクセサリー

ちいさな布の立体かたち "ぬのぐるみ" のポイントや全体に刺繍をアレンジしてきれいなパーツをつくります

道具・材料 / 布、綿、刺繍糸、針、チャコペンなど

① ② ③

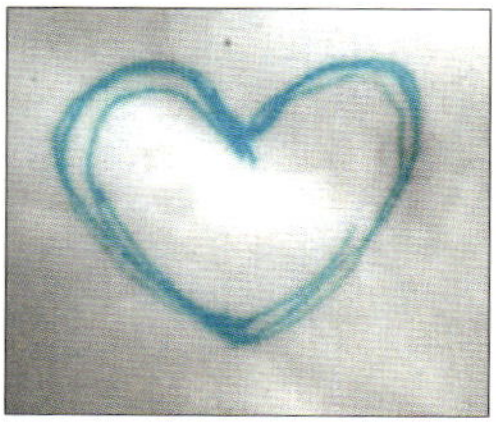

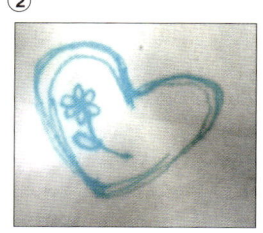

p.26で紹介したチャコペンで図案を描いていきます。
または、下絵にトレーシングペーパーを置いて図案を写します。
★刺繍枠（p.27）をつかう場合は、枠に入れる布が残るように
　位置を決めてから図案を描きます。

ステッチを選んで（p.26）
刺繍を刺していきます。
作例の花は、サテンステッチ。

④ ⑤

刺繍が終わったら、水を含ませた布で
たたくようになぞりチャコペンの線を消します。
しわをのばしたい時は、先にアイロンかけをし
スパンコールやビーズは、その後、縫いとめます。

茎は、アウトラインステッチ。
葉は．レゼーデージーステッチ。

⑥ ⑦

バックステッチで、2枚の布を
縫いあわせます。
まつり縫いやコの字綴じでも大丈夫。
表に返してなかに綿をつめて返し口を
まつりちいさな "ぬのぐるみ" にします。

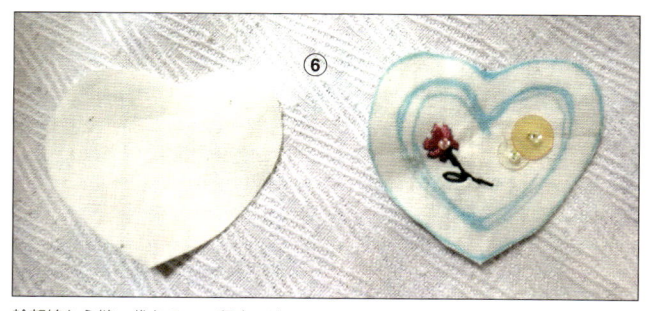

輪郭線から縫い代を5mm程度つけて
布をカットします。
そのかたちにあわせて、裏面用に
もう1枚もカットしておきます。

布のパーツのかたち
ぬのぐるみのつくり方は　→P.68

刺繍 / P.029

やわらか布の素材感。
リネンの服によく似あいます。

サテン S

アウトライン S

チェーン S

パーツを
つくった
作品例

S/ステッチ

ストレート S

フレンチノット S

サテン S

基本のステッチでつくった
はじめてでもかんたん 刺繍アクセサリー

最初にステッチを刺した布をカットして
ぬのぐるみのパーツにアレンジ。
金具にそのまま糸で縫いつけて
かわいいアクセサリーができました。

アウトライン S

サテン S

手法とアイデア 10　　　　　　　　　　　　　　　　　　　　　　技法指導 → p.125 酒井響子さん

かんたんスタンプワークで立体パーツをつくる

スタンプワークとはレイズド・ワークとも呼ばれる立体のかたちを刺繍でつくる方法　本格的な作品は
綿を入れてつくります　かんたんにアクセサリーづくりに使える　表と裏のあるモチーフのパーツのつくり方

道具・材料 / 布、刺繍糸、針、チャコペン、ソフト・トレーシングペーパー、刺繍枠、ビーズ、アクセサリー金具など

① デザインの下絵を描きます。または図案の下絵を用意します。

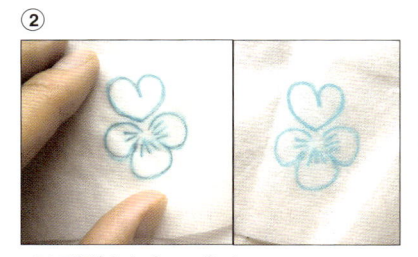

② p.26で紹介したチャコペンとトレーシングペーパーで図案を布に写します。

③ トレーシングペーパーを裏返し、おなじ布に裏の図案も写します。

④ 表　裏

布を刺繍枠（p.27）のなかに入れます。

刺しはじめは、玉結びをしないで、布の余白に表側から刺して糸を10cmぐらいのこします。

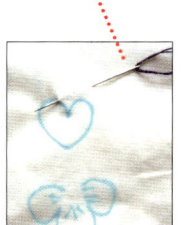

基本のステッチは → P.26

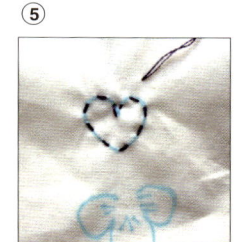

⑤ まわりの布を切るために輪郭をランニングステッチで刺しておきしっかりさせておきます。

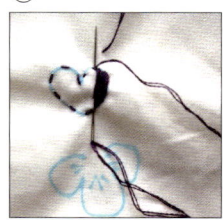

⑥ ランニングステッチのうえからサテンステッチで花びら全体を刺します。

★花びらの筋の方向や重なりをイメージしながら刺していくと、きれいな奥行きのあるしあがりに。

⑦ サテンステッチでいろのかたまりを表現したうえに花びらの模様や、裏のがくの部分を刺します。

裏側の糸のなかを2〜3cmくぐらせ、あまった糸を切ります。

最後に
水を含ませた布でたたくようになぞりチャコペンのラインを消します。
布が乾くまで待ってから刺繍枠からはずします。

刺繍 / p.031

⑧

⑨

刺繍のまわりを
3mm くらいに残して
糸を切らないように気をつけて
まわりの布をカットします。

表裏をあわせ、まわりの布をなかに折り込みながら
ステッチとおなじいろの糸でまつり、とじます。
そして、上下の花の部分を縫いとめます。

⑩

つくりたいイメージに
あわせビーズや
スパンコールなど
縫いつけます。

ブローチやネックレスなど
アクセサリーの取付け金具に糸でとめて完成です。

スタンプワークでつくった
花のブローチ アクセサリー

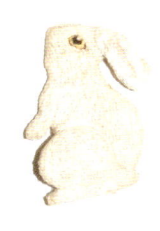

製作 p.125 deux cocons さん

パーツで
つくった
作品例

花の花弁をひとつずつ別々に
スタンプワークの手法でつくった
ビオラやパンジー
うさぎのブローチ。

手法とアイデア 11

紙に刺繍したパーツでアクセサリーをつくる

素材感の違う固い紙としなやかな糸の組みあわせでいろいろアイデア　いままで見たことのないものづくり

紙に糸を刺すステッチ例

技法指導　**p.126** Exprimerさん

紙に刺繍をしやすいステッチを組みあわせ、糸の描写を表現していきます。

① 消しゴムで消せる鉛筆やペンで下書きをします。

② 目打ちや針で1つ1つ穴をあけた後針と糸を通します。

ランニングステッチ
表も裏も同じ針の目になるように。

ストレートステッチ
まっすぐ刺すだけのステッチで向きや長さを調節可能。

フレンチノットステッチ
糸を針にかけ、結び目をつくります。

クロスステッチ
糸を交差させて刺します。

チェーンステッチ
くさりのような輪をつくります。

基本のステッチは → P.26

写真に刺繍をする

1枚しかない写真はカラーコピーをしニス塗りがおすすめ。うすい紙は先に裏に厚手の紙を貼って、針を通しても傷つかないように。

① 写真を用意します。

② 刺繍したい図案を描きます。トレーシングペーパー（p.26）やカーボン用紙など使用してもよい。

③ 目打ちでひとつひとつ穴をあけ、針と糸を通して縫いはじめます。

いろんないろの糸でイラストを描くようにステッチをアレンジ。

刺繍 / P.033

ストレートS

クロスS

バックS

フレンチノットS

最初に2枚の紙の間に
金具用の9ピンをはさんで
紙をボンドで貼ってから
刺繍をくわえます。

金具は
紙の裏面に
接着剤や糸で
縫いとめます。

ストレートS

パーツを
つかった
作品例

S／ステッチ

ストレートS

手足をボタンでとめて
動くと踊るようにゆれる
ネックレス。

フレンチノットS

厚紙に刺繍をしたあと
花びらのパーツに
最後にニスでしあげると
ふつうに使える指輪に。

バックS

チョーカー風のネックレス。
紐部分のリボン素材にも
ランニングステッチ。

フレンチノットS

ストレートS　　チェーンS

バックS

ポストカードに刺繍。

切り絵の
シルエットに
刺繍の糸で
いろづけして
ブローチに。

チェーンS

手法とアイデア **12**　　　　　　　　　　　　　　　　　　　　　技法指導　p.126 Exprimerさん

花に刺繍してアクセサリーをつくる

花に刺繍をして見たことのないパーツづくり　乾燥済でさまざまな種類が市販されている押し花がおすすめです

道具・材料 / アクセサリーにしたい押し花、水性ニス、筆、フローラテープ、ワイヤー絵の具（着彩）、針、糸、はさみ

① 首の部分で
カットした生花
または、押し花を用意します。
つくりたいアクセサリーのサイズに
あわせて選びます。

② 茎をつくりたいときは
ワイヤーにフローラテープを
巻きつけて準備します。

③ 花びらに刺繍するとき
針を刺して破れないように、また
花全体がこわれないように
補強するため、紙、布などを
裏面にボンドで接着。
乾いたらまわりをきれいにカット。

④ 花の表面に水性ニスなどを塗って
表面を補強します。

⑤ 花にいろみを追加したいとき
表情をのせたいときは
水性絵の具でいろをのせて
描写をくわえます。

⑥ 花びらがやぶれないように、針を刺したい
場所に先に目打ちや針などで穴をあけます。
その後で、裏面から針を刺して
刺繍していきます。

⑦ デコレーションをくわえたいときは
ビーズやスパンコール、
ラインストーンなど飾りの素材を
直接針で縫いつけるか
強力タイプの瞬間接着剤で
貼りつけます。

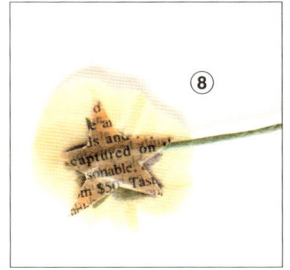

⑧ 花に茎のついたパーツを
つくりたいときは、②の方法で
つくったワイヤーをカットし
裏面にＵのかたちにまげて
ボンドでつけます。補強をかねて
紙やレースをカットして
ワイヤーのうえに貼ります。

刺繡 / P.035

パーツを
使った
作品例

ビオラの刺繡ピアス
しあげにレジンで表面を
コーティングすれば
ガラス質のきれいな作品に。

ノースポールのリング
金糸の刺繡やビーズをとめて
ボリューム感を出して。

レジン・樹脂の
コーティングの方法は → P.10

いくつも花のパーツを重ねて
刺繡でしあげ、レジンで
コーティングしたヘアコーム。

刺繡した花たちをリボンでつなげた
花畑のようなネックレス。

自然の素材のいろとかたちを
針でとめて糸ですくってアクセサリーのパーツに

スライスしたイチゴを押し花にして
花とおなじ方法で刺繡をくわえて
つくったピアス。

パンジーの自然ないろあいに
水彩絵の具のきれいな魔法をかけて
糸やビーズ、写真をコラージュ。
裏に金具をつけてブローチをつくりました。

紙に
押し花をのせて
針と糸でつくった
アクセサリー

製作 p.126 Exprimerさん

ワンピース / スモッキング AtelierGreen

刺繡 / P.037

絵本のさし絵から図案をおこし
イメージにあったステッチを選んでつくりました

製作 p.125 酒井響子さん

クレイ・粘土で オリジナルのアクセサリーをつくる
3つのジャンルの基本の素材

● オーブン陶芸粘土

家庭用のオーブンで20分から40分程度で
陶器のような風合いに焼ける陶芸用粘土。
完成後は、じょうぶで落としても割れにくく
耐水性もあり、屋外で使うアクセサリーもつくれます。

● クレイパーツづくり

樹脂粘土（モデナなど）

パーツづくりに使います。
透明感があり、乾燥すれば
耐水性になる粘土です。

石塑粘土（ラドールなど）

原型づくりに使います。
透明感があり乾燥後は
耐水性の粘土。

ブルーミックス

型取りに使用。通常の型取りに
は速硬性タイプがおすすめ。
単純な原型ならおゆまるくん
（p.21）でも可能。

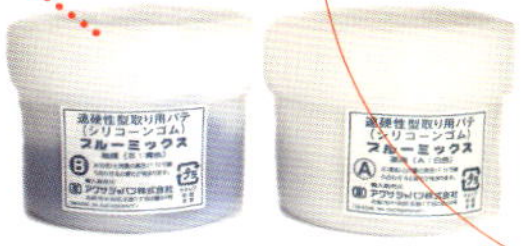

モールドオイル

型取りの面や
道具などに
塗っておくと
粘土がつかなく
なります。
ベビーオイルで
代用可能。

**樹脂粘土用接着剤
（モデナペーストなど）**

パーツどうしの接着
作品の補強に使用。

● 透明感のある造形素材

すけるくん

乾くと半透明になる粘土。
乾いても柔軟性があるので薄く伸ばすことが
できます。乾燥後、水性ニスなどを
塗ると透明度が増します。

シリコーンホイップ クリスタルクリア（株式会社パジコ）

透明で空気が入らないように注意すれば、入れたものよく見える。
硬化後"ぷるぷる"とした感触。手で成形することはできないので、直接しぼり出すか
楊枝などで成形します。数時間で表面がさわれるようになり、完全硬化は2〜3日くらい。

#3 クレイ・粘土

クレイ・粘土 / P.039

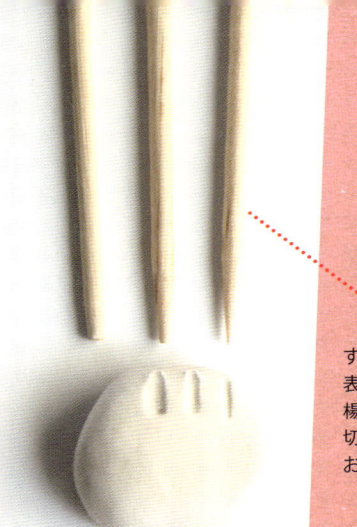

すこし太いラインを
表面に描く場合は、
楊枝の先端をはさみなどで
切りヤスリで整えると
お好みの太さに調整できます。

こんなパーツが欲しい でもお店では見つからない時
自分でデザイン ちいさなかたちを粘土を使って 自分でつくる
オリジナルアクセサリーのつくり方

スポンジヤスリ

石塑粘土の整形。
表面のしあげに使用。

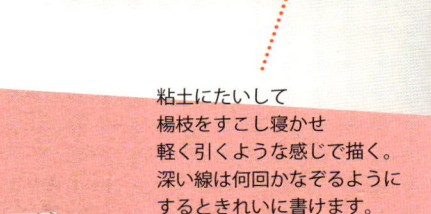

粘土にたいして
楊枝をすこし寝かせ
軽く引くような感じで描く。
深い線は何回かなぞるように
するときれいに書けます。

左から
のし棒、粘土べら各種、粘土板。
つくりたいかたち、デティールに
あわせて使いわけます。

手法とアイデア 13

陶器のような一点もののアクササリーをつくる

はじめてでもかんたん ひとりひとりの手づくりのかたちをさがして 世界でひとつのアクセサリーづくり

道具・材料 / オーブン陶芸粘土（手びねりなど）、しくもの（ビニールシート、新聞紙、布など）、粘土用へら、竹串、めん棒
アクリル絵の具、筆、ブローチ金具、強力接着タイプボンドなど

①
水でぬらして固くしぼった布などの
うえにオーブン陶芸粘土をのせて
5mm〜10mm位の厚さで
つくりたいものよりひとまわり
おおきくなるようめん棒などでのばします。
粘土の両側につくりたいものと
おなじ厚みのものを置いて
めん棒をのせるとのばしやすいです。

②
新聞紙やビニールシートのうえに
移して、へらなどで
おおまかなかたちに切り取ります。

③
へらをつかって角をまるく整えます。

④
鼻と口にあたる部分に
粘土をちいさくまるめてのせていきます。

⑤
ちいさめのへらなどで
鼻や口の継ぎめを
かおの下地になじませます。

⑥
全体のかたちが整ったら
表面が白っぽくなるまで
しっかり乾燥させます。

技法指導 p.126 ナガサカヒサコさん

クレイ・粘土 / P.041

⑦

乾燥したら、オーブンで焼成します。
★陶芸粘土の説明書をお読みください。

⑧

アクリル絵の具で彩色します。
最初にうすめの下地を全体に塗り、濃い部分を
加筆していきます。

⑩

裏面に
ブローチ金具をボンドで貼りつけ完成です。

⑨

目や口など表情のポイントは
細い筆でていねいに。
うすいいろで陰影を重ねていくと
奥行感がでてきれいなしあがりに。

ほんものの陶器のよう♪

ひとりひとりの
手づくりしたいかたちを
さがしてデザインします。

手法とアイデア 14　　　　　　　　　　　　　　　　　　　　　　　　　技法指導　p.126　KIRSCHさん

オリジナルのデザインパーツをたくさんつくる

アクセサリーのモチーフやボタン チャームのパーツを自分でデザイン 型をつくってたくさんつくるテクニック

道具・材料 / 石塑粘土（ラドールなど）、ペン型カッター、のし棒、プラ板、綿棒（メイク用の先のとがったものが便利）、粘土べら、粘土板　型取り素材（ブルーミックス、おゆまるくんなど）、スポンジヤスリ、楊枝、モールドオイル（ベビーオイル）、水性ニス、筆など

オリジナルパーツの原型をつくる

① どんなパーツをつくりたかイメージをスケッチして固めていきます。

原寸のかたちの原図ができたらコピーをするかトレーシングペーパーに写してまわりをぎりぎりカットして型紙をつくります。

② 最初に石塑粘土を型紙の上下2倍くらいのおおきさ、つくりたい厚さにのばして土台をつくります。まんなかに型紙をあててカッターでさくさく押しあてるようにカット。

③ 指や綿棒などを使ってカットした粘土のまわりのよぶんな"バリ"を整えなめらかな表面にします。

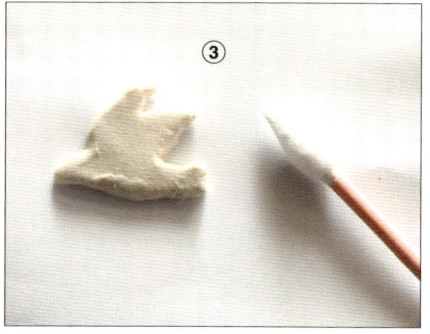

④ 土台を筆などでしめらせ粘土を盛りつけたいところにつけ足ししていきます。

⑤ 土べらや綿棒などを使ってつけ足した粘土を土台になじませかたちを整えます。表面が乾燥しないように、時々、綿棒をぬらしてあてながら整形します。

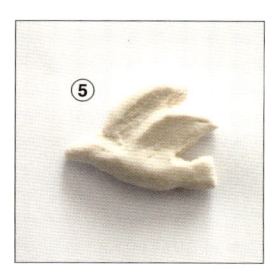

⑥ 細かい部分や模様を粘土べらなどを使って整え乾燥させます。よく乾いたら最後にスポンジヤスリで表面を整え、原型の完成。

クレイ・粘土 / P.043

原型から型をおこす

①
つくった原型にニスを2、3回に
分け厚めに塗りしっかり乾燥させ
p.18を参考に、ブルーミックスなど
の型取り素材を用意します。
原型にモールドオイル、または
ベビーオイルを軽く塗り
原型をゆっくり押しあてます。

②
裏面が平らな原型を押しあてるときは
容器のふたなどをつかって、しっかり
うえから押して埋めこませるときれいに
型取りができます。この時、ふたの底にも
モールドオイルを塗っておきます。

③
型取りの素材が固まったら
原型を取り出します。
底が平面のパーツの型の
できあがり。

両面が立体の
パーツの型がつくりたいときは
19ページのレジンとおなじ方法で → P.19

型からパーツをつくる

①
型の内側にモールドオイルを
軽く塗り、パーツの素材になる
よく練りこんだ樹脂粘土を
型にしっかりつめます。
余分な粘土は、へらなどで
取り除きます。

②
裏側をへらで整え、きれいな平面にしたら
粘土を型からていねいにはずします。

③
スポンジのうえなどで
しっかり乾燥させると底が平面の
パーツのできあがり。
厚めのものだと1週間ほど乾燥まで
時間がかかります。

型からおなじパーツをいくつも
つくることができます。

両面が立体のパーツをつくるときは
左右対称の樹脂粘土のパーツをつくり
裏の平面部分を接着剤をつかって
貼りつけます。
接着部分の粘土どうしもへらや楊枝で
なじませるとしっかり接着できます。

手法とアイデア 15　　　　　　　　　　　　　　　　　　　　　　　　　技法指導　p.126　KIRSCHさん

パーツにしたいと思ったものを見つけたら

★原型には著作権がある場合があります　作者の没後60年以上と考えられるアンティーク品などをつかって型をおこします

> ありものから型をおこし いろんなパーツをつくる

やわらかい自然の素材が原型なら

① ② ③

水気がなく
型をつくる時に
素材のまわりこみ
などがない
かたちを選びます。

ワイヤーをさして
自然乾燥、または
ドライヤーをかけます。

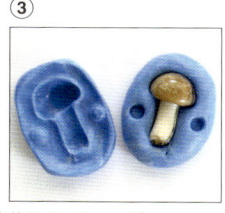

レジン（p.8）や水性ニスで全体をコーティング。
傘の裏などの凸凹は埋めます。半分のところに油性ペンでラインを書いて
型を分ける目安に。型に樹脂粘土を入れて両面をあわせ完成です。

むかしのものアンティークを原型にする

① ②

百年位むかしの
著作権のない
ものから選びます。

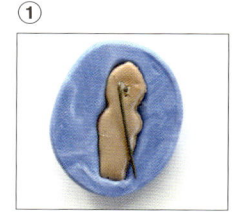

ブルーミックスや
おゆまるくん（p.21）で
型取りします。

p.43とおなじ行程で
樹脂粘土を押しあて整形。
パーツをつくります。

たったひとつだったむかしの
かたちがいまはたくさん
アクセサリーパーツに変身。

つくったパーツをデフォルメ いろんな変形パーツをつくれます

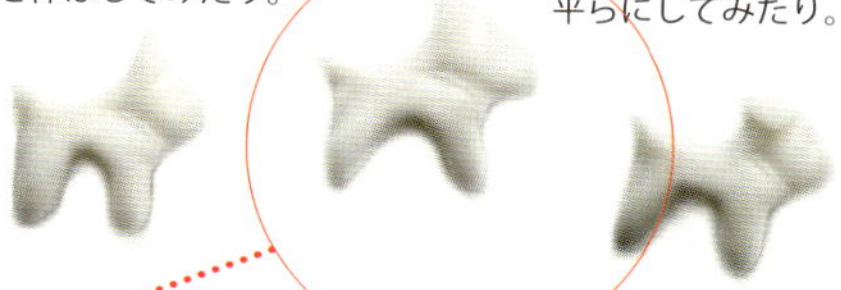

指先やへらをつかって
足を伸ばしてみたり。

顔をちょっと
平らにしてみたり。

垂れ耳にしてみたり
思いつくまま変形してみると
原型とは別のひとつひとつ
違うパーツがつくれます。

むかしのものから p.43とおなじ行程で
型をおこします。型につめて抜いた樹脂粘土の
パーツなら固まる前なら、いろいろ加工、デフォルメができます。

クレイ・粘土 / P.045

いろや描写をくわえて完成させる

樹脂粘土の白いいろのままのパーツに絵の具でいろや点や線の描写をのせるテクニック

塗装の基本

筆先を軽く水でぬらし
絵の具を筆によくなじませたら
ペーパータオルなどですこし
塗料や水分を落として塗ります。

ひろい範囲を塗るときは筆先に
力を入れずゆっくり動かします。
いろを濃くしたい場合は1度で
塗らずに何回かに分け塗ります。

筆の太さや柔らかさも重要。
アクリルは特にやわらかい筆を
つかうと筆跡が残りにくい。

塗料の選び方 比較とポイント

ニス つやなし
ニス つやあり

つやなしは、ほぼ塗った絵の具のまま。
ニスを塗ったのかわからないぐらい。
つやありは、発色がよくなって見えます。

アクリル

発色がとてもよい。
いろを重ねても
他のいろとよくなじむ。
つやは、すくなめ。

水性絵の具

絵具が少々はじいた
しあがり。発色もよく
アクリルよりつやあり。

メタルシート

金属のメタルパーツの
ようなしあがり。
金、銀、銅など各色あり。

スプレー塗料

簡単に均一にいろづけが
できる。いろむらなし。

ガラス絵の具

つやつやとした光沢と
透明感があります。

Espie デコレーションペン
（サクラクレパス）

発色がよく、塗料が
ぷっくり盛りあがり
ボリューム感があります。

油性ペン

何色かのラインを
描いていろづけしたもの。
混色はできないが
簡単にいろづけができ
ポイントにおすすめ。

ウッド粘土

コルクを削った
ような質感。

手法とアイデア 16

技法指導・製作 ③ p.126 KIRSCH さん

自分だけのクレイパーツへのテクニック

自由にかたちがつくれる いろをつけたり絵を描ける いくつも接着してひとつにできる オリジナルパーツへのアイデア

いろの違いを演出する

ひとつの型からつくった
いくつものおなじかたちの
うえにいろあい、塗料の質感の違う
ペイントでかんたんにいろんなパーツをつくれます。

絵や柄、図案を描く

顔のかたちに
いろんな表情を
描いてみたり
人形や動物の
すがたやしぐさを
パーツにしたり。

布のテキスタイルやプリントの
柄をデザインするように
オリジナルのパーツづくり。

パーツを変形、合体させる

リボンを
アレンジ。

p.44 の
変形パーツの
手法を
アレンジ。

いくつものパーツを合体させると
絵本の挿絵のような風景のパーツが完成。

まんまる地球と合体。

金具のとめ方

ヒートン金具

クレイの乾燥後、ヒートンを
1度差し込んで穴をあけ
ヒートンの根元に
接着剤をつけ再度、さしこみます。

合体の方法

パーツどうしのつなぎ目に
手芸用ボンド
樹脂粘土用接着剤
（モデナペーストなど）をつけ
接合部のクレイどうしをなじませます。

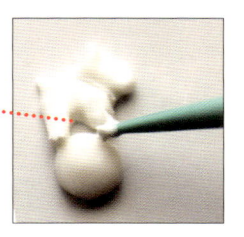

9ピン

9ピン金具の先を
ペンチでUの字に
曲げて、クレイが
やわらかなうちに
さしこみます。

クレイ・粘土 / P.047

むかしのものを原型につくった
アンティークのような いまの私のオリジナル

パーツを
つくった
作品例

おなじ型からいくつも
パーツをつくり
アンティークのチャーム
アクセサリーのように
デザインしたブレスレット。

セルロイドの
ヴィンテージパーツのように彩色
してもきれい、たのしい。

手法とアイデア **17**　　　　　　　　　　　　　　　　　　　技法指導・製作 ➲ **p.126** お拾いものさん

透明なクレイパーツでアクセサリーをつくる

自由にかたちがつくれる いろをつけたり絵を描ける いくつも接着してひとつにできる オリジナルパーツへのアイデア

すけるくん　p.38 参照

① 袋から必要な分を取り出し すりつぶすようにじっくり 練りこみます。表にツヤが 出てきたらいれたいものを なかに閉じこめます。

② かたちを整えて、10日ほど 乾燥させます。透明感が でるまで、うすいものなら 約1週間、厚いものなら さらに日数が必要です。

③ 透明感がでてきたら 表面に水性ニスなどを 塗るとさらに透けた 感じに見えます。

うっすら霧のようななかに 表面からの奥行きが それぞれ違うモチーフが 遠近風に見えます。

シリコーンホイップ クリスタルクリア　p.38 参照

① サランラップを敷いて そのうえに絞り出して いきます。

② 楊枝をつかって 硬化する前にどんどん ひろげるように早めに かたちをつくっていきます

③ かたちができたら、ピンセットでなかにいれる ものを埋めこみます。そのうえに少量を絞り出し 素材を完全にカバーし、硬化するまで待ちます。 固まったらサランラップからはがし、さらに 厚みが欲しいときは、裏にもホイップを盛ります。

セメダイン

① サランラップのうえに、 チューブから直接、希望の かたちを描くようにうすく 絞り出していきます。 編み目のように出していく ことも可能です。

② 液状の間になかにいれたい 素材をひとつずつ ピンセットをつかって のせていきます。

③ さらに絞り出してうえにのせ 素材を閉じこめた後、乾燥させます。 乾燥したら、サランラップからはがします。 さらに盛りあげたい場合は、もう1度なぞるように 絞り出し再度、乾燥させます。

泡は自然に 入ります。

クレイ・粘土 / p.049

ふつうの粘土と透明な粘土を組みあわせて
つくる ひとりひとりのアクセサリーのかたち

ほんものみたいに透明感のある
ほたるいかのピアス。
胴や目は下地の素材を透かせて
ひれや足は透明感を強調。

石粉粘土のベースにつくりたい
質感のメタルカラーのアクリル
絵の具を選んでペイント。

すけるくんでつくったパーツを
石粉粘土のベースにつけたり
重ねて"透け感"を表現。

パーツを
使った
作品例

サランラップのうえで
セメダインで絵を描くように
つくったちょうちょのブローチ。

透明粘土のうえにさらに
透明にいろづけできる水彩の
絵の具をのせ、ニスでしあげ。

素材に絵の具をくわえて
いろあいのある透明パーツに

シリコーンホイップに少量の水彩絵の具を
楊枝などで混ぜながら淡いいろあいを表現。

透明感のあるビーズのような素材なかにいれて、見たことのない質感に。

自然のなかのミカヅキモの
すがたを写したペンダント。

粘土をこねてつくった
オリジナルのアクセサリー ちいさなボタン

技法指導・製作 p.126 お拾いものさん

透明粘土
"すけるくん"の
花のアクセサリーたち。

サランラップのうえで
セメダインで描くようにつくった
トンボの羽根。

パーツを
使った
作品例

厚めにまるめて
"すけるくん"でつくった
鳥たちのカチューシャ。
表面にニスを塗ると
ロウ細工のようなしあがりに。

クレイ・粘土 / P.051

技法指導・製作 ⮕ **p.126** KIRSCH さん

樹脂粘土のクレイパーツを
つくる方法（p.42）に
裏に糸が通せる穴の部分も
くわえて、オリジナルの
ボタンをつくりました。

羊毛フェルトの"ニードル"を使う方法でパーツをつくります

● 基本の道具

フェルトを針で刺して固めてかたちをつくるために必要なもの。
すべて手芸用品店で購入できます。

フェルティング用マット

手芸用ニードル
普通と極細の
タイプがあります。
ちいさなパーツを
つくるときは
極細タイプを使用。

マットカバー
厚いスポンジ状の
フェルティング用マットのうえに
うすいマットカバーをのせて
作業をします。
劣化してきたら交換します。

ニードルの刺し方
フェルトにたいして
まっすぐ刺します。
かたむけて刺すと、ニードルが
折れてしまいます。曲がった
場合は使用しないこと。

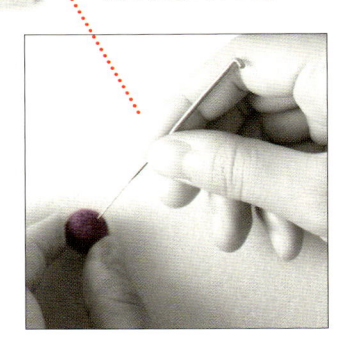

● 使う量へのフェルトの分け方

① 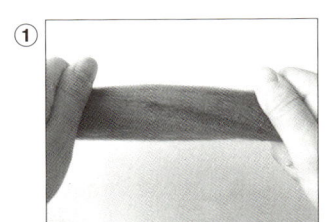
フェルトの長さを分けて
短くしたいときは
両手で伸ばすように
手に取ります。

② 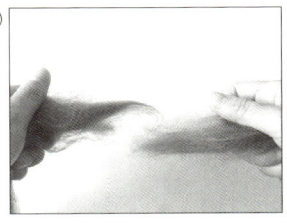
左右にゆっくり
おなじ力で引っぱり裂きます。

③ 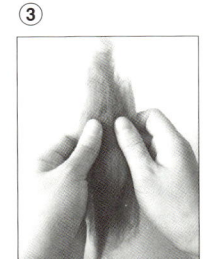
使いたいフェルトの
量に調整したい時は
さらに幅を分けるため
縦に持ちます。

④ 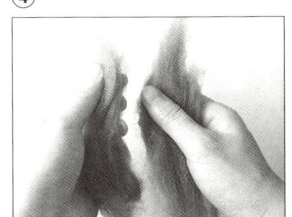
分けたい部分に指を入れて
フェルトの毛の流れにあわせて
左右に分けます。

フェルト / P.053

♯4
フェルト

● 使いたい いろへのまぜ方

① まぜたい
2色の羊毛フェルトを
用意します。

② 2つを手に取り
重ねます。

③ 2つの羊毛フェルトを手に取り
左右に引っぱるように裂きます。

④ 裂いたフェルトを、また持ち直して
さらに、おなじように裂いていきます。

⑤ ★30回繰り返したときのまざり具合。
回数によってまざったいろあいがかわるので
つりたいいろになるまでくり返し、回数を調節します。

羊毛フェルトで
すきなかたちいろあいをつくる
フェルティング・ニードルで
オリジナルのアクセサリーの
パーツつくる
テクニックとアイデア

手法とアイデア 18　　　　　　　　　　　　　　　　　　　　　技法指導 p.126 雑草魂さん

ちいさなつぶをアレンジ パーツのかたちに

フェルト初心者でもかんたん ちいさなつぶを組みあわせてつくる　オリジナルのアクセサリーパーツ

道具・材料 / フェルティング手芸用ニードル、マット、マットカバー、9ピン、ヤットコ、フェルトシート、フェルト各色など

基本のちいさなつぶをつくる

① 指先でつまめるくらいに
フェルトを適量取り、くるくる
指でまるめていきます。

② まるくなってきたら
ニードルで刺して
固めはじめます。

③ 1箇所ばかりでなく全体を
返しながら、まんべんなく刺して
きれいなまるいつぶにしていきます。

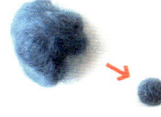

最初のふわふわフェルトが
こんなにちいさな固い
つぶのかたちに。コインと
おおきさと比べてみると。

ちいさなつぶを重ねてかたちをつくる

① 芯になる部分を
直径1cm弱の
おおきさで
つくります。

★実際はのせるつぶと
同色でつくりますが
分かりやすく
ここでは黒色を掲載。

② 少量のフェルトを取り
指先でまるくし
①よりもずっとちいさな
つぶをつくります。

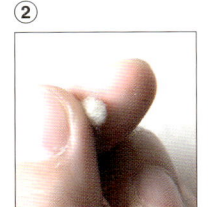

③ ②のフェルトの玉を
①に刺していきます。
大小のつぶの接する面に
ニードルを刺して
ふんわりなじませます。

1粒刺した状態。
ふんわり立体的な
感じにしあげます。

④  ③をくり返して芯の
表面をうめていきます。
ふわふわしすぎて
つぶが刺しにくい時は
ニードルでうえから刺して
すこし固くします。

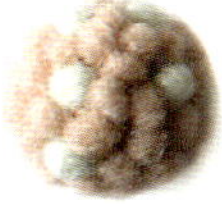

たとえばきのこのパーツをつくる

① フェルトをやや縦に
まるめてニードルで
中心に向けて刺し
全体をきのこの柄の
かたちにします。

② 直径1cm位の芯を
つくり中心部分に
ニードルを刺して
レンズのかたちに。

③ 玉をつくる方法とおなじに
片面のみにちいさなつぶを
埋めてきのこの傘を完成。
柄の部分を傘のもう一面に
ニードルを刺して取りつけ。
きのこのできあがり。

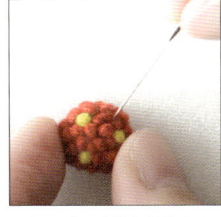

④ 9ピンをつけて
パーツに。

⑤ p.55の方法で金具をつけて
アクセサリーパーツに。

フェルト / P.055

イメージをスケッチするようにパーツのかたちをつくる

ちいさなつぶをかさねて自由にかたちがつくる方法を使って、イメージをニードルで描くようパーツのかたちをつくります。

① 手芸用品店で購入できるフェルトシートを用意。パーツにしたいイメージが浮かんだつぶつぶのおばけのシルエットのかたちに2枚カットします。

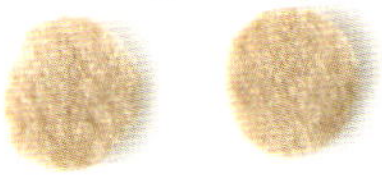

② p.55の方法でつぶをフェルトでつくりひとつぶひとつぶニードルで刺していきます。

③ 裏は、こんな風になるけど後で見えなくなるので気にしなくても大丈夫。

④ つぶつぶを全面に刺して1枚が完成。もう一枚もおなじようにつぶつぶで埋めて2枚をつくります。

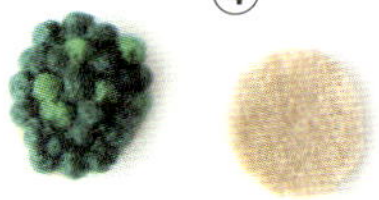

⑤ つぶつぶを刺し終わった2枚をあわせてフェルトシートが出ている部分もニードルでおなじつぶつぶで刺していくと2枚がくっつきます。

⑥ 目をつけます。まず白いいろのフェルトでつぶつぶを刺したらそのうえから黒いフェルトを刺して目玉を描いて糸で口のかたちを縫って"つぶつぶおばけ"の完成です。

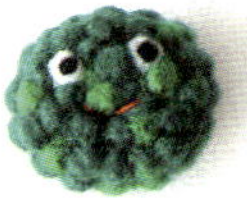

できあがり。

ベースのフェルトシートのかたちをかえて、いろんなおばけに。

パーツを使った作品例

フェルトのいろをかえて自由にいろんな組みあわせ。

金具のつけ方

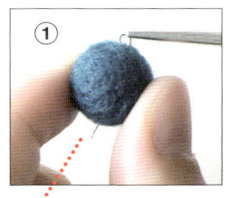

① 5mmくらい 
② Uの字のかたち

①ニードルで取付け金具をつけたい部分に穴を開けます。そこに9ピンを刺して、まるくなっていない方を5mmほど残してヤットコでカットします。
②5mmのこった部分の先をヤットコではさみ、くるっとUの字のかたちに。もともとまるくなっている方を引っぱり先につくったUの字の部分をフェルトのなかに隠して完了。

手法とアイデア 19　　　　　　　　　　　　　　　　　　　技法指導 p.126 雑草魂さん

いろんな玉のかたちのバリエーション

つぶでかたちをつくる方法をアレンジして、玉のかたちのきれいな かわいいアクセサリーパーツをつくります

道具・材料 / フェルティング手芸用ニードル、マット、マットカバー、9ピン、ヤットコ、フェルト各色など

ドットボール

① p.54の方法でニードルをしっかり刺してまるい玉の部分を固めにつくります。

② ドットにつかうフェルトを少量取り出し指先でつぶをつくります。

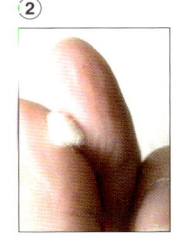

③ つぶを芯に刺してドットを表現します。最初にドットの中心あたりにニードルを刺し下地の玉につけます。

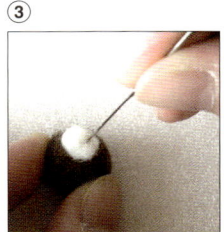

④ ドットの中心部分が固まってきたらまわりを刺していきます。この時ドットがきれいなまるいかたちになるよう刺します。

玉の表面全体にドットを均一に刺します。金具をつけて（p.55）完成。

てまり

① まるい玉をつくります。模様を刺していくのでしっかり固くつくります。

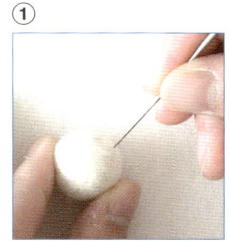

② 模様用のフェルトを細めに取ります。玉をぐるりと1周できるくらいの長さが必要です。

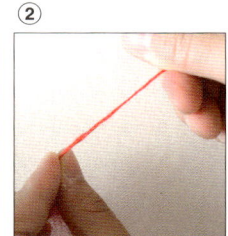

③ 模様用のフェルトの先を玉の表面に刺し、抜けないよう固定したらフェルトをねじりながら刺していき線の模様を描きます。

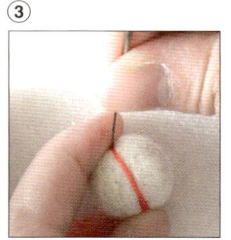

④ 一周してフェルトがあまったら2周目にいってもいいので全部のフェルトをねじりながら刺して線を続けていきます。

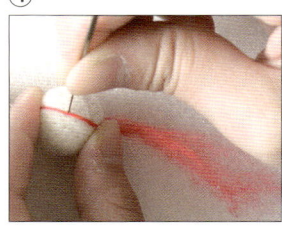

⑤ できた線にクロスするようもう1本おなじいろのフェルトで線を描きます。

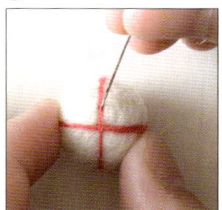

⑥ 違ういろでさらにクロスし線の模様を描きます。

⑦ 合計4本の線の模様を刺せたら線のまんなかあたりに違ういろで1本、フェルトの線を刺します。

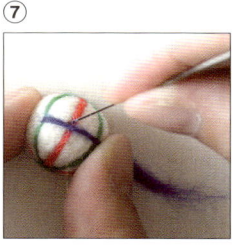

線の模様は組み合わせが無限大。いろんな大小のてまりのパーツをつくるとたのしい。

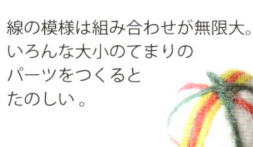

フェルト / P.057

スクリューボール

① 
まるい玉をつくります。
模様を刺していくので
固めにつくって
おきます。

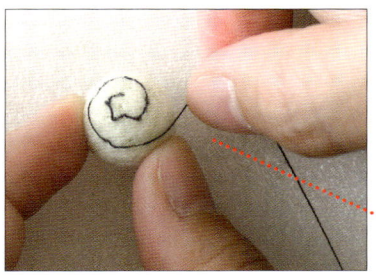

②
描きたい模様と似たいろの刺繍糸
またはミシン糸を下絵のラインに使います。
きれいなスクリューになるようバランスを
見ながら糸をニードルで刺していき
おおよその位置をマーキングします。

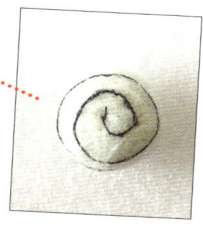

糸にフェルトで
模様がのって
いくので
おおまかな
ラインで大丈夫。

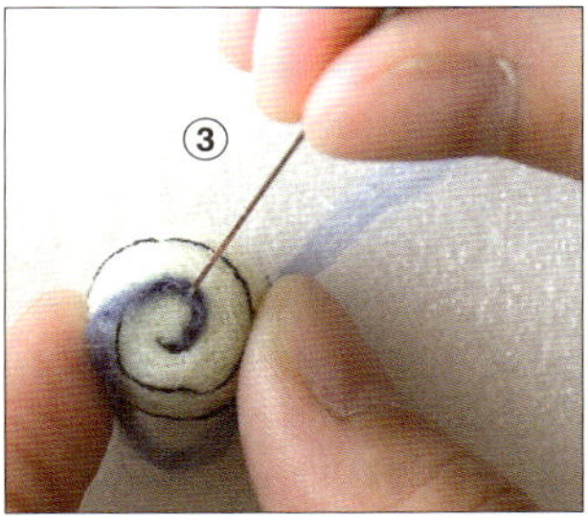

③
マーキングした糸のうえから
細めに取ったフェルトを
刺していきます。
うえからいっしょに刺すことで
糸は見えなくなります。

フェルトを刺しながら
このみの幅にしていけば
完成です。

④
9ピン金具をつけて
(p.55) アクセサリー
パーツに。

スクリュー模様のいろの幅をかえたり
ボーダー模様にアレンジしたり。

パーツを
使った
作品例

たまごのかたちにアレンジ

① 
まるい玉をつくるときより
フェルトをすこし縦長になるよう
指先でまるめてからニードルで
固めていきます。

② 
たまごのかたちに
できました。

③ 
たまごの柄のフェルトをごく少量
手に取り指先でまるめてから
刺していきます。
ドットとおなじように
はじめは柄の中心部分を刺して
まわりにひろげるように
すきな柄にアレンジします。

フェルトを混色
淡いトリコロールの
フェルトにちいさな
ビーズのせて。

手法とアイデア 20　　　　　　　　　　　　　　　　　　　　　技法指導　p.126 雑草魂さん

シルエットのモチーフパーツをつくる

すきな写真や画像から見つけたきれいなかたち そのままフェルトのすてきなモチーフパーツのかたちに

道具・材料 / フェルティング用マット、マットカバー、手芸用ニードル、厚紙、テープ、はさみ、黒ペン、修正液、フェルトなど

シルエット

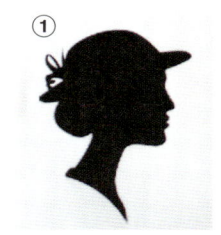

① モチーフにしたい画像や写真を黒ペンで塗りつぶしシルエットを作成。しあげの時にすこしちいさくなるのでややおおきめに。

② シルエットのすがたに追加、修正したい部分をペンや修正液で変更します。

③ 厚紙にシルエットを貼りつけくりぬくように切り取ります。

④ シルエット部分がカットされた厚紙の型紙ができました。

⑤ 型紙をマット（p.52）に貼ってテープなどで固定。

⑥ 開始位置を決め、外側のふちをフェルトを刺して埋めていきます。

★深く刺しすぎるとマットからフェルトが取れなくなるので注意。

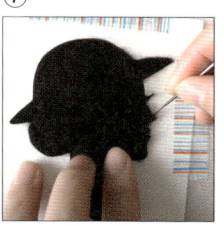

⑦ 外側のふちがフェルトで埋まったら、中心部分もフェルトを刺していきます。型紙よりもフェルトがこんもりするくらいの厚めになるよう刺します。

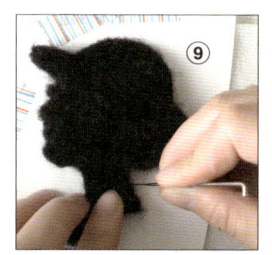

⑧ 表面が完成です。

⑨ マットからフェルトをはがし型紙を裏表逆にし、フェルトも反対向きにし裏面も⑤〜⑦とおなじように刺し固めます。

★無理にマットからはがすとくっついてくるので注意。

⑩ ニードルを刺す数が多いほどフェルトがふんわり感より固く平たくなるので、途中うすくなってきたと感じたらその部分にフェルトを足して刺します。

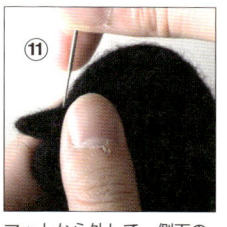

⑪ マットから外して、側面のふわふわのままの部分を刺して固めます。

★1部分だけを刺し続けると全体のかたちがかわるので注意しながら側面すべてを固めます。

シルエットのフェルトのモチーフができました。ビーズやコットンパールなどは専用の透明の糸で縫いつけます。

フェルト / p.059

フェルトでつくる基本の方法 素材感から
ひとりひとりのアクセサリーのかたちをさがして

シルエットをつくる
方法でつくったかたちに
ニードルでディールを
描くようにフェルトを
くわえます。

フェルトの素材感を
そのままいかして
ワイヤーにまいて
ボンドでとめて。

パーツを
使った
作品例

フェルトの炎の輪くぐり
サーカスライオンのブローチ。

金具をつけなくても
フェルトとリボンを糸で
縫いあわせて。

シルエットのままできれい
金具をつけておおきなパーツに。

玉をつくる方法だけで
すてきなものが
つくれます。

ニードルで貫通、穴を開けて
ワイヤーを入れてつないで
ネックレスやブレスレットに。

針と糸のお裁縫でパーツをつくる基本の方法　用語の説明

● 刺繍糸の使い方

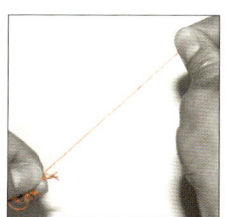

刺繍糸は糸をゆるく
束ねてあります。
糸を使う長さにカットし
1本づつ引きぬいてから
必要な本数にそろえます。

★ 4本の場合は
　 4本取りといいます。

● 玉どめ

縫い終わりのとめ方です。

①

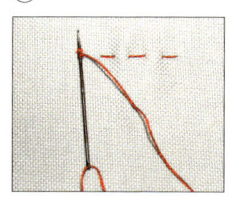

縫い終わりのところに
針をあて、親指と人差し指で
押えます。

②

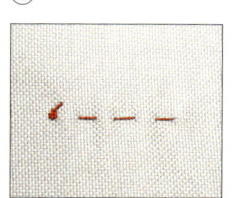

針先に2、3回糸を巻きます。
親指で押えて針をぬき糸をカット。

● 中表

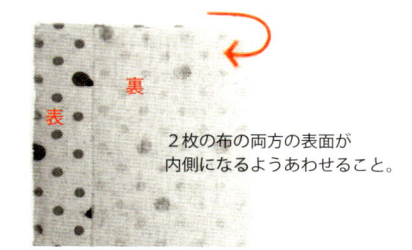

2枚の布の両方の表面が
内側になるようあわせること。

● 縫い代

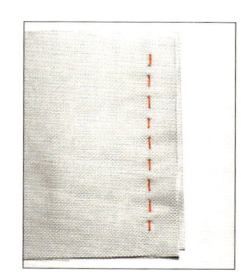

2枚の布を
縫いあわせるため
できあがりより
外側に
生地をよぶんに
用意しておく部分。

● 半返し縫い

① 布の下から針を出します。
半針分戻り針を入れて
1針分先に針を出します。

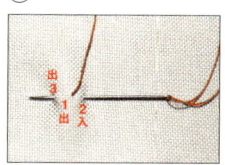

② ①をくり返します。

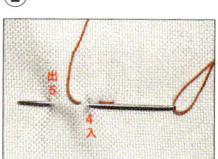

③ 均一の長さの縫い目で
つづけます。

裏側のようす。

● 星どめ
布の表にごくちいさな針目を出す半返し縫いです。縫い目が星のように見えます。

① 布の下から針を出します。
1mmほど戻り針を入れて
5mmほど先に針を出します。

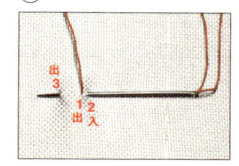

② ①をくり返します。

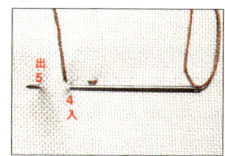

③ ちいさな星のように
縫い目を出します。

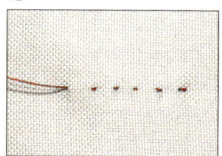

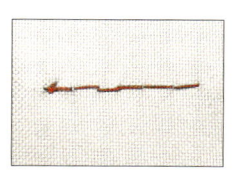

裏側のようす。

♯5 ソーイング

針と糸 布で服やバッグ 小物や人形をつくるお裁縫
手芸 パッチワーク ぬのぐるみ ちいさくつくってアクセサリーのパーツのかたちに

● コの字とじ

2つの布を折ったもの（折山）を
縫いとじる時に使います。

①
折山から針を出します。

②
反対側の折山に針を入れ
3mmほどすくって針を出します。

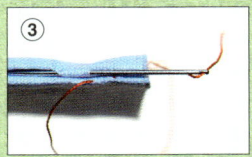

③
②③をくり返して針を抜くと
2つの折山がとじられます。

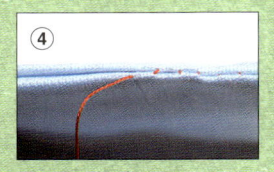

④

布のパーツづくりに便利な道具

スプレー式布用硬化剤
（アリーン / Stiffener quick）

やわらかく型くずれしやすい布
リボン、レース、クロッシェなどを硬化し
扱いやすくするスプレータイプの硬化剤。
手芸関連大型店、ネット通販より購入可能。

手芸用鉗子

細かい結びの作業、ちいさなぬいぐるみ
"ぬのぐるみ" への綿入れなど
ちいさな手芸のさまざまな細かい
作業に便利です。手芸用品店で購入可能。

手法とアイデア **21**

布やプリント生地のかけらでパーツをつくる

布で服やバッグをつくった後のはぎれに浮かんだきれいないろ 柄をはさみで切ってかんたんソーイング

道具・材料 / 針、糸、はさみ、ヤットコ、ニッパー、ピンセット、手芸用ボンド、9ピン、ワイヤー、布用硬化剤スプレー
布、プリント生地など

ちょうちょ

① 2色の布を二つ折りにしそれぞれ2枚、ちょうの羽根のおなじかたちになるようカット。片方を短く片方が長くなるようはさみで切ります。

② 長い方の2枚をボンドで貼りあわせてちょうの羽根の片方にします。

③ 短い方の2枚にはそれぞれうすめにボンドを塗ります。

④ 短い方をはさむように貼りつけます。

⑤ 乾いたら重なる部分がなめらかになるようむだな部分をカット。

⑥ 中央部分を布と同色の目立たないいろの糸で縫いつけます。

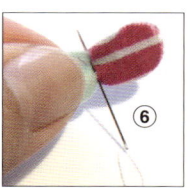

⑦ 9ピンを本体に軽く巻きつけ、つくりたい触角の長さでゆるくワイヤーを折り曲げます。

⑧ もう1本の9ピンもおなじように巻きつけます。

⑨ 体の部分のなかに目立たなくなるまでワイヤーどうしを重ねて締めます。

⑩ 触角を避けるように布用硬化剤のスプレー（p.61）を吹きつけまたは、水性ニスを塗り触角部分をアーチを描くように軽く折り曲げできあがり。
触角はそのままパーツの取りつけ金具に使えます。

布やプリントの選び方でいろんな表情に。

技法指導・製作 ➲ **p.126** 鈴木メイさん

花と鳥
2つのパーツを組みあわせて。

パーツでつくった作品例

金具部分にもはぎれを巻きつけたきれいな布のブレスレット。

ソーイング / P.063

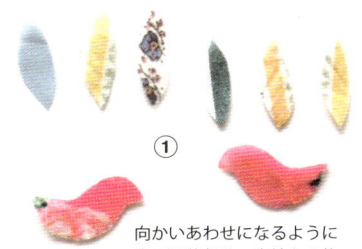

鳥

① 向かいあわせになるように
鳥の胴体部分の生地を2枚
羽根になるパーツを6枚カットします。
★表裏のある生地は、おなじ向きに
ならないよう注意。

② 羽根のパーツを
6枚カット。
すべて違う柄だと
きれいです。

③ 羽根パーツを3枚づつ重ねて
ボンドで固定。これを2組つくり
2つの胴体パーツにそれぞれつけます。

④ 鳥の左右の対称部分が
できました。

⑤ 胴体パーツの裏に
9ピンの根の部分を
Uの字に曲げて
ボンドを多めに
盛ってとめます。

⑥ 胴体どうしを貼りあわせます。
この時、クチバシや尾の先は
ほつれにくくするために
しっかりボンドをつけます。

⑦ ボンドが乾いたら
翼の部分をひろげて
布用硬化剤のスプレー
(p.61)を全体にかけるか
水性ニスを筆で塗って
乾燥させたら完成です。

こんぺいとう花

① 帯状の布を半分に折って
はしを縫いあわせていきます。

② 針と糸はつけたまま布に垂直にハサミを入れ
1〜2mmの間隔で先端をカットします。
★縫った部分まで切らないように気をつけて
なるべく長く切ると花らしくしあがります。

③ 布が割けないように
糸を引いて
花弁をひろげます。

④ きれいな花のかたちに
なるようにかたちを
整えます。

⑤ 9ピンを折り曲げて
布のはしへはさみ込み
曲げてできた穴に数回糸を通して
パーツとピンを固定させます。

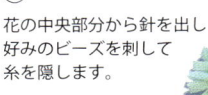

⑥ 花の中央部分から針を出し
好みのビーズを刺して
糸を隠します。

⑦ 布用硬化剤の
スプレー(p.61)か
水性ニスを筆で
塗ってできあがり。

手法とアイデア 22

布手芸パーツのアクセサリーをつくる

針と糸で布を立体的なかたちにアレンジする手芸の方法で ソーイング初心者でもかんたん すてきなものづくり

ケーブルスモッキングのフリルブローチ

道具・材料 / 布：巾2.5cm× 長さ30cm（ピンキングばさみで裁断 または はさみでフリル風に切り込み）
25番刺繍糸、市販のフェルトシート直径4cm 2枚、ブローチ金具

① 縫い代を1cm取り 25番刺繍糸4本取りで うえから1.5cmの部分の 濃いチェックの左側から 糸を出します。

② 糸をうえ側において 右隣の濃いチェックの 部分をすくいます。

③ 糸をひきます。

④ 糸をした側において 右隣の濃いチェックの 部分をすくいます。

⑤ 糸をひき②〜⑤を くり返します。 縫い代を1cmのこします。

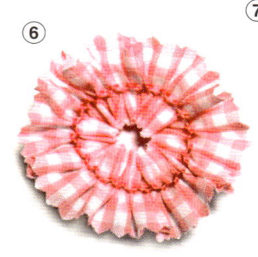

⑥ 中表にあわせ 縫い代を縫って 円になるように 開きます。

⑦ フェルトに⑥を星どめし 刺繍したくるみボタンを中心に のせて細かく縫いとめます。

⑧ もう1枚のフェルトに ブローチ金具を糸で 縫いつけ、花びらの 土台のフェルトの 裏側に接着剤で貼ると ブローチのできあがり。

ソーイングでパーツをつくる
基本の縫い方 とじ方は → P.60

ヨーヨーキルトのモチーフ

道具・材料 / 布：直径5cmの円形 6枚、リボン巾6mm 18cm、ひもどめ 2個、丸カン 2個、カニカン 1個

① 布を直径5cmの円の かたちにカットします。 布のはしを5mm折りこみ ながら2mm間隔で縫います。

② 玉どめをせずに そのまま糸をのこします。

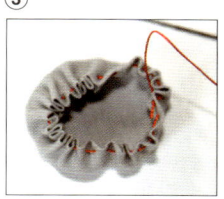

③ 糸をひいて、しっかりしぼります。

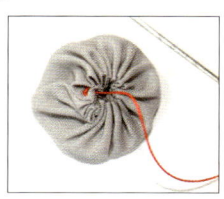

④ 針を中心から 裏側に出して玉どめします。

ソーイング / P.065

ギャザーよせバラのつぼみのパーツ

技法指導・製作 ➔ p.126 スモッキング Atelier Green さん

道具・材料 / 布：巾4cm×高さ3cmのアーモンド形3枚、市販のフェルトシート 直径1.5cmの円2枚、ひも、丸カン1個

① 巾4cm×高さ3cmの アーモンドのかたちの布を 3枚カットします。
★下に型紙があります。

② 返し口
中表に折って、返し口を 残して、布のはしから 3mmのところを 半返し縫いにします。

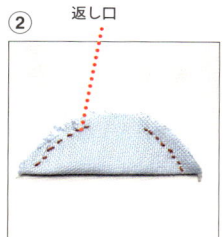

③ 表に返して はしをコの字とじで 縫いとじます。

④ ②で縫った方の布のはしを 2mm間隔で縫いあわせます。

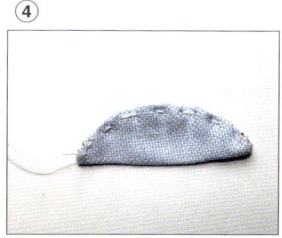

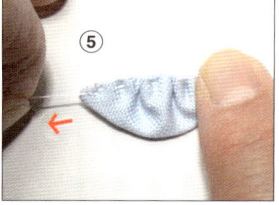

⑤ 糸を引いてギャザーをよせます。

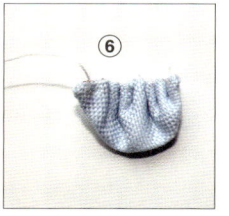

⑥ 糸をひいて ギャザーをよせます。

⑦ ⑥の両はしを重ねあわせ フェルトに縫いつけます。

⑧ ⑦とおなじようにのこりの 花びらをフェルトシートに 1枚ずつ縫いつけていきます。

型紙 / 原寸

⑧ 丸カンを通したひもを輪にして 花びらのフェルトシートの裏に 縫いつけます。
もう1枚のフェルトシートを 接着剤で貼りつけます。

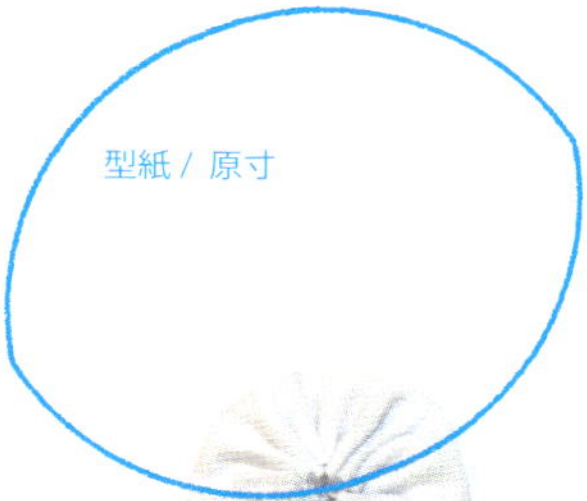

パーツで つくった 作品例

ヨーヨーキルトをリボンに縫いつけ つなげたブレスレット。
ちいさなまるいキルトをつなげてならべ 組みあわせ、ひとりひとりのアクセサリーのかたちをデザイン。

平らな布にギャザーをよせ そのひだを糸ですくって 布に立体感を出す "スモッキング" の方法を使って

ダイヤモンドスモッキングのモチーフ

道具・材料 / 布：直径 5cm の円 2 枚、くるみボタン、直径 2.5cm 2 個、25 番刺繍糸、ひも、チャコペンなど

① 直径 5 cm の円を書き、円の内側に縦、横 5 ㎜の点をチャコペンなどで書きます。

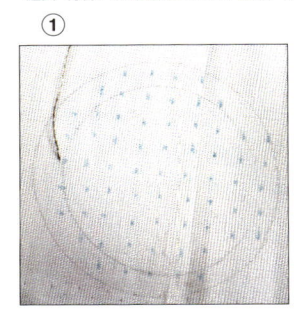

② 糸を下側において点の右側を 1 ㎜位すくいます。

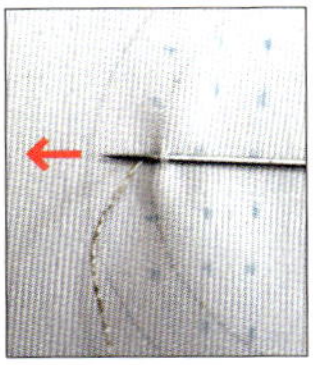

③ 糸をひきます。

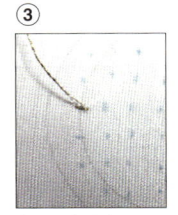

④ 糸を下側において右上の点の左側を 1 ㎜位すくいます。

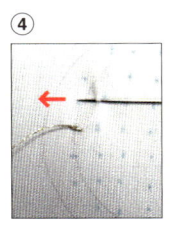

⑤ 糸を上側において点の右側を 1 ㎜位すくって糸をひきます。

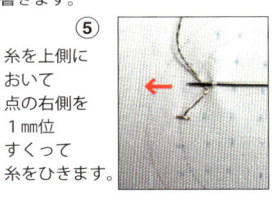

⑥ 糸を上側において右下の点の左側を 1 ㎜位をすくいます。

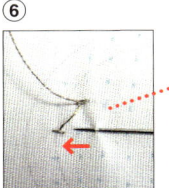

⑦ ③〜⑥をくり返し写真のように糸で縫いとめ "スモッキング" をします。

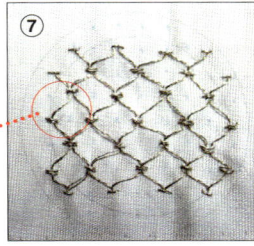

⑧ スモッキングが終わったら⑦をはさみで切り取ります。円の 1 cm 内側を 2 ㎜間隔で縫います。くるみボタンを入れて糸をひきしぼり玉結び。ボタンの裏側に輪にしたひもを縫いつけます。

スモッキングのボールパーツ

道具・材料 / 布：巾 4 cm× 長さ 6.5cm（ピンキングばさみで裁断 または はさみではしを切り込み）25 番刺繍糸、コード 1 m、綿など

① 左右のはしの縫い代 1 cm のこし 上と下のはしからそれぞれ 1 cm のところを 2 ㎜間隔で縫います。糸はのこしておきます。

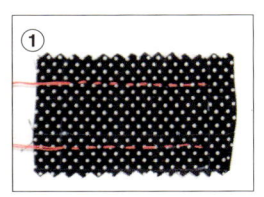

② 左右のはしの縫い代 1 cm をのこし 上と下のはしからそれぞれ 1.5cm のところを 25 番刺繍糸の 4 本どりでスモッキング。

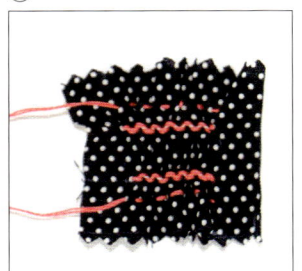

⑨ ①〜⑧をくり返し、くるみボタンをもうひとつつくり 2 つを重ねてコの字とじで縫いあわせ、できあがり。

③ 中表にして、縫い代を半返し縫って表に返します。

④

⑤ ①で縫った部分の片方の糸をしっかりとひき、2、3 回巻きつけ玉どめにします。

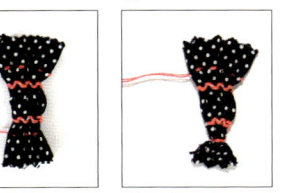

⑥ 目打ちなどを使いしっかり綿をつめます。のこりの糸を強くひいて 2、3 回巻きつけ玉どめにします。

ソーイング / P.067

技法指導・製作 p.126 スモッキング Atelier Green さん

ソーイングでつくった
手芸パーツのアクセサリーたち

パーツで
つくった
作品例

つくりたいかたちにあわせ
ダイヤモンドスモッキングを
ひし型の布に。

キャンディのかたちの
スモッキングのボールパーツを
ひもでつないで。

ギャザーよせバラのつぼみのパーツ
（p.65）をリボンに縫いつけつなげて
ブレスレットに。

ケーブルスモッキングのブローチ（p.64）のバリエーション。
レースの生地でつくりました。

手法とアイデア 23

技法指導・製作 ✂ p.126 mocoさん

"ぬのぐるみ"でパーツをつくる

ちいさなぬいぐるみの"ぬのぐるみ" トランプや人形 自由にパーツのかたちに

道具・材料／縫い針、マチ針、糸、はさみ、ピンセット、糸、綿、ビーズ、使いたい布など

シンプルなかたちでつくる

縫い代

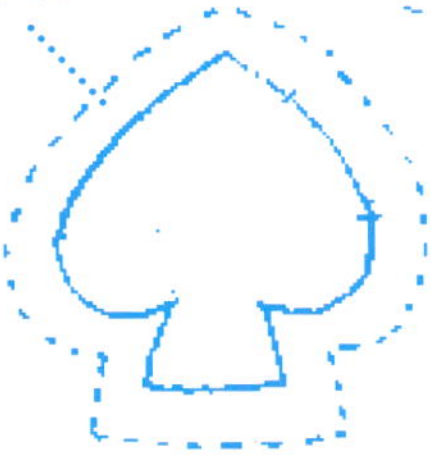

型紙
★希望のおおきさに
コピーで拡大縮小

① 型紙をトレーシングペーパー（p.26）やカーボン用紙などで写し、縫い代でカットします。

② 返し口をのこして半返し縫いをします。縫い終わったら玉どめをして糸は表側に出しておきます。

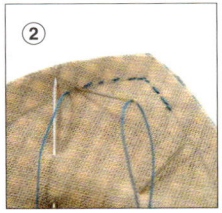

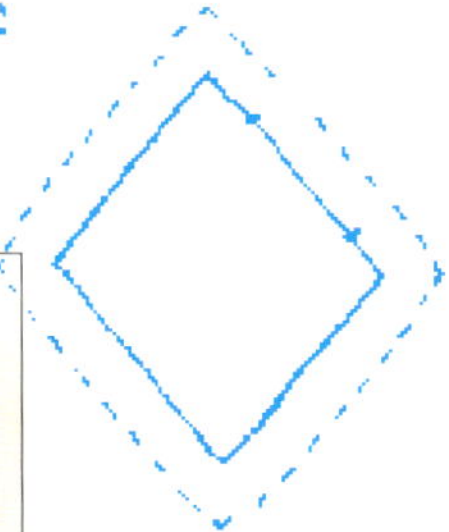

③  縫い代を2mmにカットし角やカーブには細かく切り込みを入れておきます。

④ 表に返しピンセットなどで角や奥の方からすこしずつ綿をつめます。
★このとき手芸用鉗子（p.61）だと楽に作業ができます。

⑤ 返し口の縫い代をなかにコの字とじでとじます。
★表に返すのが難しい時は型紙をおおきめにつくるかスウェード生地などでできあがり線でカットして刺繍（p.26）でとじます。

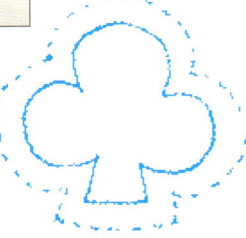

9ピンの金具をつけてチャームやパーツに。

自分でパーツの型紙をつくる時は

表に返したり綿を入れる時作業がしやすいまわりこみのないかたちを描いて全体のかたちをデザインします。

金具をつけてちいさなブローチに。

ソーイングでパーツをつくる
基本の縫い方 とじ方は → P.60

ソーイング / p.069

人形のかたちのパーツをつくる

道具・材料 / 縫い針、マチ針、はさみ、手芸用ボンド、ピンセット
使いたい布、糸、刺繍糸（髪の毛用）、厚紙、9ピン、ヤットコなど

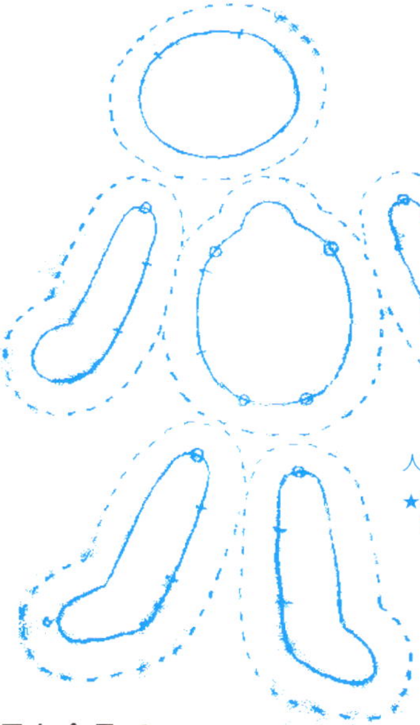

人形型紙
★希望のおおきさに
コピーで拡大縮小

① 布がずれる時は待ち針で固定。

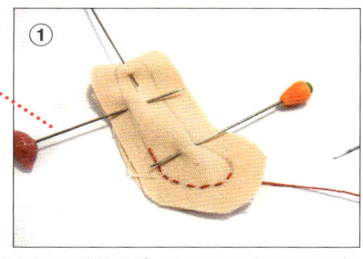

p.68とおなじ方法でパーツそれぞれをつくります。

カット布をボンドでつけるアップリケや刺繍（p.26）で表情やポイントをつけて。

② 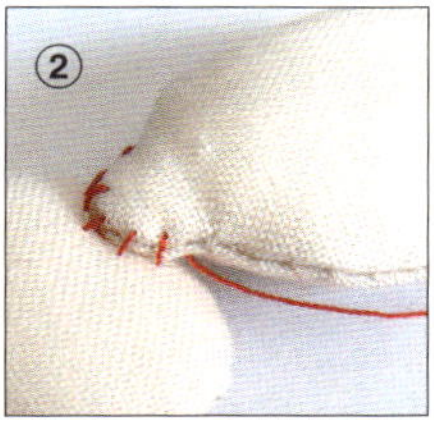 頭とボディをコの字とじで縫いとめます。

手足を金具でジョイントする時は

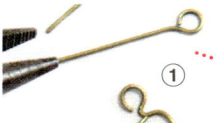

① 9ピンをヤットコでこのようなかたちに曲げ縫う時にちいさい丸部分を内側に入れます。

② 何度か糸を往復させてしっかり縫いとめます。

③ ピンセットか手芸用鉗子で布を表に返して、金具をちいさな丸部分を出します。

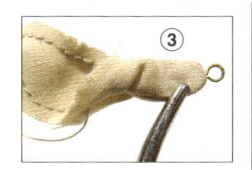

④ 表に返して綿をつめてパーツができたら、9ピンどうしをヤットコで開いてジョイントし、とじあわせます。

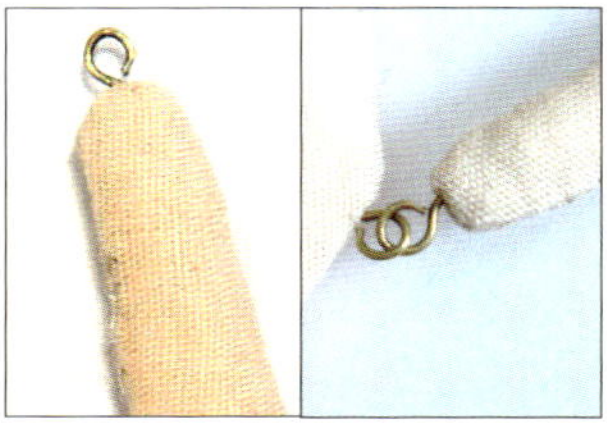

手足を糸でジョイントしたい時は

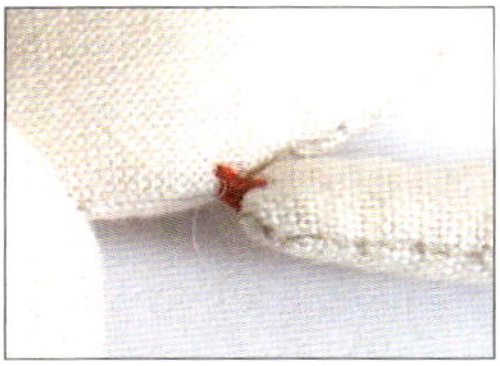

ボタンつけとおなじ方法で縫いとめます。

髪の毛を刺繍糸でつくる

① 6〜8cmの厚紙に刺繍糸6本取り（p.60）を8回巻きつけ、中心部分をむすんでとめて左右をカット。

② 人形の頭にすこしずつ楊枝でボンドを塗って貼りつけます。

ぬのぐるみ 人形パーツの デコレーション

p.69でつくった人形に服を着せて アクセサリーに

道具・材料 / アクリル絵の具、筆、手芸用ボンド、針、はさみ
糸、刺繍糸、レース、ひも、リボン、ビーズ
スウェード、スナップボタンなど

刺繍やペイントでディテールアップ

細めの筆でアクリル
絵の具、または
つくりたいイメージで
塗料を選び（p.88）
顔などの部分を描きます。

口やまつ毛など
繊細な部分は刺繍の
ステッチを選び（p.26）
表現します。

例／

目はビーズ
まつ毛と口は刺繍で。

目・鼻・口は
スウェードをカットし
ボンドで貼ったもの。
まつ毛と眉は刺繍。

アクセサリー へのアレンジ

背中にスナップボタンの
凸を縫いつけ、リボンを
輪にして、もう片方の
スナップの凹を縫いつけ
とめると、人形だけでの
取りはずしも可能な
ペンダントに。

かんたんアップリケで ポイントをつくります

レースの一部分の
モチーフやスウェードを
カットしたり、スパンコール
などをそのまま使って
ボンドで貼りつけて。

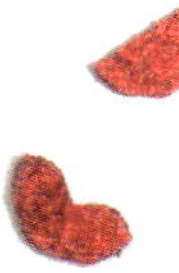

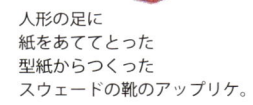

人形の足に
紙をあててとった
型紙からつくった
スウェードの靴のアップリケ。

ちいさな服や 小物をつくって

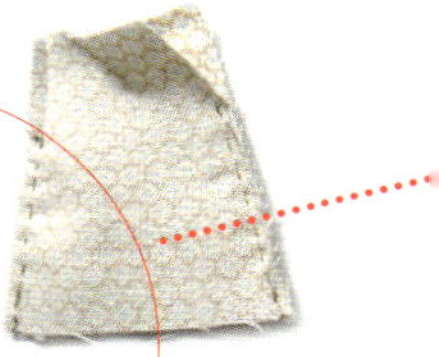

① 布をカットして
両脇をすそから
あきどまりまで縫います。
裾は5mm折り
ボンドで留めました。

② そでまわりを
しぼって縫って
とめます。
レースを巻いたり
そのかたちに
カットした布を
貼りつけます。

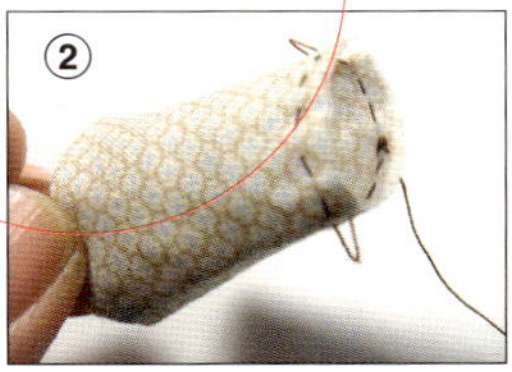

表に返して、そでのまわりを
2mm間隔位で縫いあわせ
わきに糸の余裕を持たせて
人形の体に着せました。

顔の部分だけ
裏側に金具を縫いつけて
ちいさなかわいいブローチの
できあがり。

ソーイング / p.071

アップリケにつかった
スウェードやレースを
リボンにも縫って飾って。

おおきさや目鼻の表情
服や靴、持ちものの小道具まで
つくりたいイメージそれぞれにみんな違う
ちいさな人形アクセサリー。

技法指導・製作　p.126 mocoさん

かぎ針でちいさめにモチーフを編んでつくる
アクセサリーのチャームやパーツたち

● かぎ針と糸のいろいろ

かぎ針編みは、編むものにあわせて、かぎ針のサイズ、糸の太さ、素材を使いわけます。
パーツやモチーフをつくるのに向いている、いくつかの針と糸たちをご紹介。

レース糸で
つくった
パーツ。ちいさいけれど
9ピンの金具つき。
コインをおおきさをくらべてみると。

使用糸　ホビーラホビーレ　シャインフィル(ラメ糸)
かぎ針　レース針0号

使用糸　DMC 刺繍糸 25 番 948
かぎ針　2/0 号

使用糸　ハマナカ　ウォッシュコットン(クロッシェ)
かぎ針　3/0 号

使用糸
ホビーラホビーレ
ウールキュート
かぎ針　4/0 号

使用糸　ダルマイングス
小巻カフェへありぃ(モヘア)
かぎ針　6/0 号

編みもの / P.073

♯6
編みもの

服や帽子、バッグ、人形、インテリア
刺繍糸から毛糸まで、いろんなものがつくれるかぎ針編みのパーツとアクセサリー

● 編み図の記号

編み目の種類は、すべて記号で表し、編み図で表示されます。
その記号がいくつも組みあわされて、編み地（模様）を編むことができます。

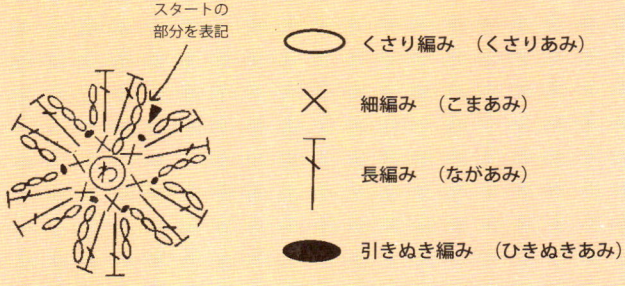

スタートの部分を表記

◯ くさり編み （くさりあみ）

✕ 細編み （こまあみ）

𝑇 長編み （ながあみ）

● 引きぬき編み （ひきぬきあみ）

▼ 糸を切る部分

★見本の編み図は p.72 の花モチーフのものです。

かぎ針編みの基礎と方法は
p.120 ～ p.124 へ

→P.120

● かぎ針と糸の持ち方

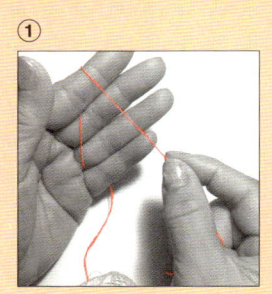

① まず、左手の小指と薬指の間から糸を前に出します。次に、人さし指にひっかけて糸のはしを手前にします。

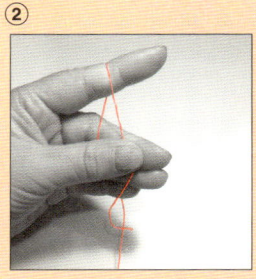

② 親指と中指で糸のはしを持って人さし指をうえに立て、糸がピンとはるようにします。

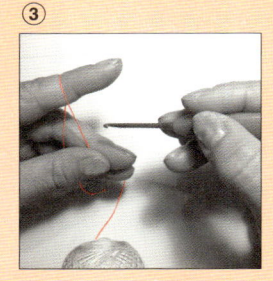

③ 右手の親指と人さし指で針を持ち、中指を針さきに軽くのせると基本の持ち方になります。

手法とアイデア 24

技法指導・製作 p.127 桑原恵美子さん

かんたん 編みものモチーフをつくる

はじめてかぎ針を手にした人にもおすすめ まるいシンプルモチーフを使ったアクセサリーのかたち

基本 / 丸モチーフ

見本作成の道具・材料例 / 使用糸：ハマナカフラックスCクロッシュラメ、かぎ針3/0号使用

編み図

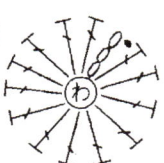

①  最初に、輪のつくり目から編みはじめます。

② 長編みを14目編み入れます。

③ 最初の目に引き抜きで戻りとじ針で始末をします。

応用 / きのこ

見本作成の道具・材料例 / 使用糸：ハマナカウォッシュコットン（クロッシェ）
かぎ針3/0号使用

かぎ針編みの基礎と方法は
p.120 ～ p.124 へ　→P.120

かさ 
くさり目6目のつくり目で中長、長編みを編んだら細編みをぐるりと編みます。

＋

柄① 
くさり目4目のつくり目で長編み、中長、細編みを編みます。

柄② 
ぐるりと細編みをまわりに編みます。

2つのまるいかたちのバリエーションの組みあわせ。

かさと柄のとじ方
裏側にして 
針ですくいとじます。

編み図
かさ 
くさり目6目のつくり目

柄 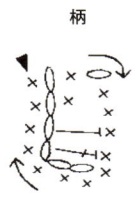
くさり目4目のつくり目

編みもの / P.075

基本の丸モチーフをおおきくしたり つなげたり
オリジナルのアクセサリーのアイデアを
ほんとうのかたちに

金具のつけ方

ペンチでCカンを開いて
モチーフに接続します。

取りつけ金具を
つける方法は → P.114

編み図

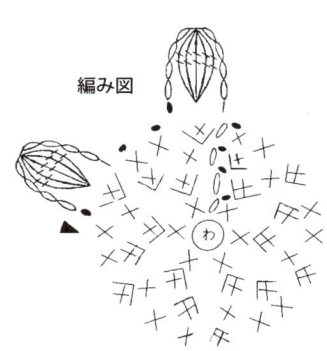

ベアの顔の
シルエットのような
丸モチーフのペンダント。
続します。

リネンの刺繍糸を
3本取り（p.62）して
ストレートステッチ（p.26）で
中心から放射状に
6本刺繍をします。

ストレート S

2段目と3段目の間

パーツを
つくった
作品例

ひきぬきした糸で
となりのモチーフに
針でとじつけます。

編み図

ステッチでポイントをくわえた
丸モチーフのペンダント。

手法とアイデア 25

パーツにおすすめ 基本モチーフ

かぎ針編みの基礎と方法は
p.120 ～ p.124 へ　→ P.120

編み図

クロス

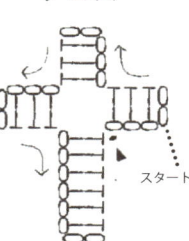

① くさり目3目の
つくり目に立ちあがり
2目と中長編みを3目。

② つづけて、またくさり目
3目のつくり目に中長編みを
編み、もう1度くり返します。

③ くさり目6目に中長編みを
編み、最後はつながるよう
とじ針で始末します。

クローバー

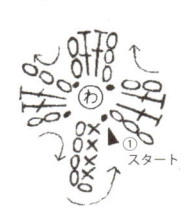

① 輪のつくり目に直接
もようを編み入れます。

② 3枚の葉を編みます。

③ くさり目4目に
細編みを編み
輪にひきぬきます。

スター

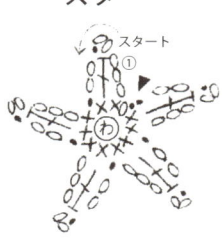

① 輪につくり目で
細編みを10目編みます。

② 2目のピコットは
逆のV字にひろい編み。

③ 5つ編み
ひきぬいてとじます。

スペード

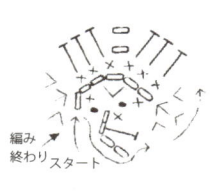

① くさり目5目のつくり目に
1本をひろいながら
1段目は増し目と
減らし目で細編みを編みます。

② 2段目は茎の部分を
編みながら
逆のハートになるように。

③ 編み終わりは
引き抜いてから
つながるように
とじ針で始末します。

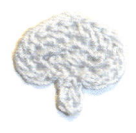

編みもの / p.077

技法指導・製作 ⓢ p.127 桑原恵美子さん

見本作成の道具・材料例 / 使用糸：ハマナカウォッシュコットン（クロッシュ） かぎ針3/0号、とじ針、丸カン、ペンチ

リボン小（細）

① くさり目7目を輪にひきぬき束に細編みを8目編みます。

② クロスするようにもう1つくさり目7目に細編み8目を編みます。

③ つづけてくさり目5目の細編みを編み、2本つくりのこり糸で中心に3〜4回巻きます。

リボン大（太）

① くさり目4目でつくり目をして長編み7段を編みます。

② 編みはじめと編み終わりをとじあわせ筒状にします。

③ 中心部分はくさり目7目に裏山にひきぬきで戻り筒状のリボンの中心でしぼります。

ハート

① くさり目を7目編みます。

② くさり目の1本をひろい細編み、中長編み長編みを編みます。

③ 最初の細編みの目にとじ針でつながるように始末します。

ちょうちょ

① 輪のつくり目から細編みを3段、増し目しながら編みひきぬいたらくさり目で触覚の部分を編みます。

② 同じものをもう1枚編み1枚目とひきぬきでくっつけます。

③ 触覚はくさり目5目にピコット3目をつくります。

手法とアイデア **26**

モチーフをひもでつないだアクセサリー

くさり目をつないだひもやおなじモチーフをくり返したリボンでつくるネックレス&ラリアート

見本作成の道具・材料例 / 使用糸：ホビーラホビーレ クロッシュコットン、かぎ針レース針2号 使用

かぎ針編みの基礎と方法は
p.120 〜 p.124 へ　→ P.120

編み図

葉っぱのかたちの縁飾り

シンプルな
葉っぱのかたちを
くさり目でつないで
アクセサリーや雑貨づくりに
使えるリボンに。

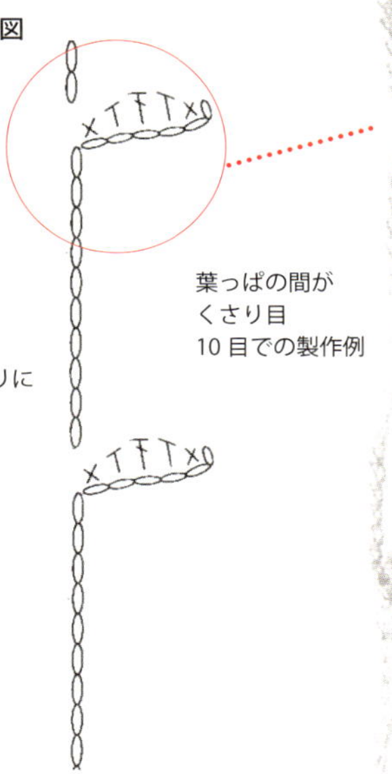

葉っぱの間が
くさり目
10目での製作例

くさり目を10目編み
さらに5目つくり目用のくさり目を編んで
細編み、中長編み、長編みで葉のかたちを編んでいきます。

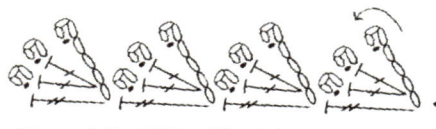

長編みとピコットの縁飾り

編み図

スタート

ピコットとは、縁編みの技法のひとつ
ポコッとした玉のようなかわいいかたち。
くさり3目を引きぬきでとめる編み方でつくれます。

服や雑貨の縁取りのきれいなリボンにも使えます。

くさり目を4目つくって
ピコット3目、長編みピコットを
くり返して長々編みを編みます。

編みもの / p.079

Cカンとカニカン、片方には
アジャスターを縫ってつなげて
ペンダントにしあげました。

パーツを
使った
作品例

レース糸で編んだ縁飾りに
花のモチーフを咲かせてネックレスやラリアートに

p.72の花のモチーフとp.78の葉っぱのかたちの縁飾りを組みあわせ、二重に編んで
つくったペンダント、くさり目の部分をのばして、もっと長めのラリアートにしたり
短くしてブレスレットにアレンジしたり、ひとりひとりのアクセサリーのかたちに。

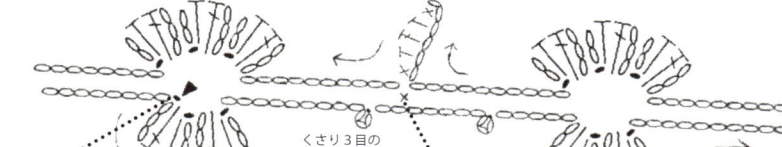

編み図

スタート　　くさり3目の　向こう側の
　　　　　　ピコット　　くさり目をひろう

♯7
ワイヤー

編みもの（p.72～p.79）の方法で素材を糸からワイヤーにかえて
そのままアクセサリーになるクロッシェや平面、立体パーツのつくり方

● **くさり目**　作例／かぎ針4/0号、アーティスティックワイヤー・ノンダーニッシュシルバー 30♯

① 右手の側がしたになるように
ワイヤーを交差させます。

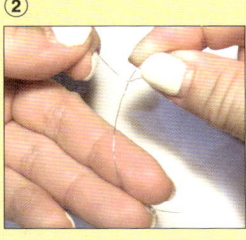

② 編みやすくするために
輪の根元をねじります。

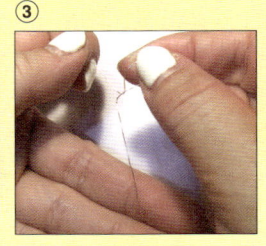

③ 2回しっかりねじって
ゆるみにくくします。

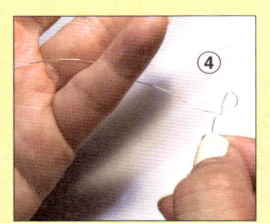

④ 左手の小指に
長い方のワイヤーをかけます。

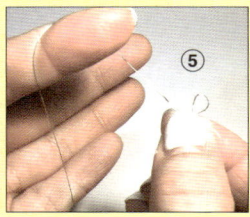

⑤ 人差し指にも
ワイヤーをかけます。

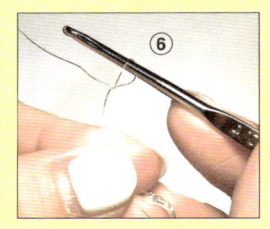

⑥ "つくり目"のできあがり。
★くさり編みをはじめる
　かたちができた状態です。

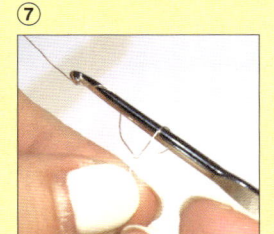

⑦ "ねじり目"を親指と中指で
押さえて、かぎ針にワイヤーを
かけます。

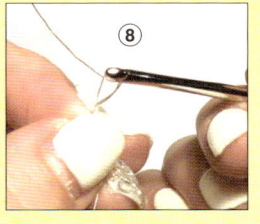

⑧ ねじり目に、かぎ針でかけた
ワイヤーを通します。
★ねじり目からワイヤーを
　引きぬいた目が
　"くさり1目"になります。

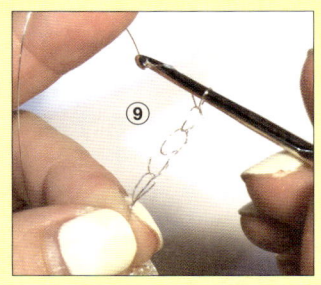

⑨ ⑦～⑧をくり返してつくる数にあわせて
くさり編みをつづけます。
★1目ごとに編みあがった目を親指、中指で
　押さえ、整えながら編んでいきます。

ワイヤー / P.081

● 円モチーフ　作例 / かぎ針 4/0 号、アーティスティックワイヤー・ノンダーニッシュシルバー 30

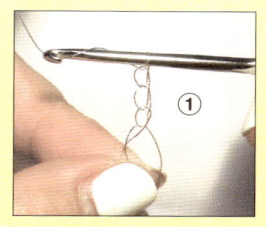

①
くさり編み①を参考に（根元は
ねじらない）一重の輪をつくり
"立ちあげ3目" を編みます。

★これが
"長編み" 1目分になります。

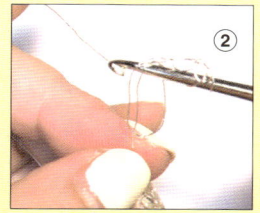

②
かぎ針をワイヤーにかけて
1重の輪に通します。
ここから、長編みの編み方に
なります。

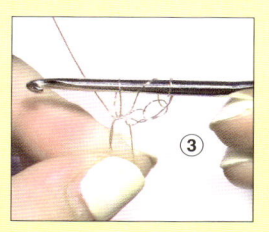

③
通したワイヤーをうえに
引きあげると、かぎ針に3目
かかっている状態になります。
かぎ針をワイヤーにかけて
3目のうち手前の2目を
同時に引きぬきます。

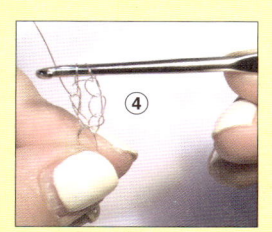

④
のこり2目もおなじように
引きぬきます。

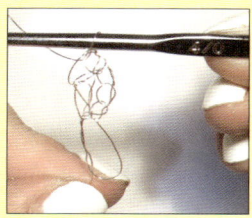

⑤
このかたちで、立ちあがりの
長編み1目分＋長編み1目が
できました。

★2目分編んだことになります。

⑥
長編みを8回編んだ後
編みはじめのワイヤーのはしを引いて
輪をしぼり、円にのかたちにします。

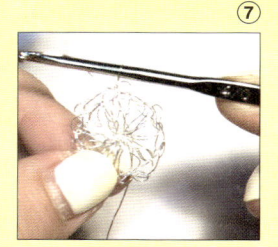

⑦
輪を引きしめたら、1段目の
最初のたちあがり目に
かぎ針をさし入れ
ワイヤーをかけて
引きぬきます。

★これで1段目が編み終わりです。

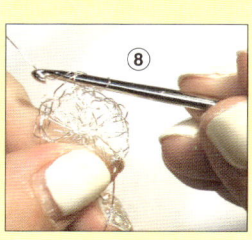

⑧
立ちあがり1目を編んだ後
かぎ針をワイヤーにかけて
引きぬきます。

⑨
かぎ針をワイヤーにかけて
2目とも同時に引きぬいて
細編みを編みます。

かぎ針編みの
基本の編み方は → P.120

⑩
1つの目に2つずつ、細編みを
一周編んだ後、1段目の終わりと同様
立あがりくさり1目にかぎ針を入れ
ワイヤーを引きぬきカットして引きしめます。
あまったワイヤーは、くさり目に2、3回
通して始末し、あまった部分をカットします。

手法とアイデア 27　　　　　　　　　　　　　　　　技法指導・製作 ⓢ p.127 houta さん

ワイヤークロッシェのパーツをつくる

かぎ針で金属の糸を編む "立体の編みもの" ワイヤークロッシェでつくれるモチーフパーツたち

道具・材料 / かぎ針 4/0 号、アーティスティックワイヤー、カラーワイヤー、平ヤットコ、ニッパーなど

ボール

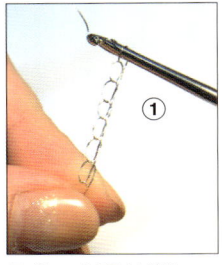

① ワイヤーを編みはじめ 10cm ほどのこして 60 目くさり編みをします。

② 編み終わり 2cm ほどでカットしそちらから均等にまるめていきます。

③ はじめにのこしておいたワイヤーを 5、6 回角度を変えながらボールに刺しとめ固定させます。あまったワイヤーはカットします。

④ かぎ針編みのワイヤーボールのできあがり。

ゴールドのビーズコードとワイヤーの 2 本で編んだシックなしあがり。

カラーワイヤーで編んださくらんぼ。丸カンでつないでいます。

ワイヤーの くさり目と くさり編みの方法は → P.80

りぼん

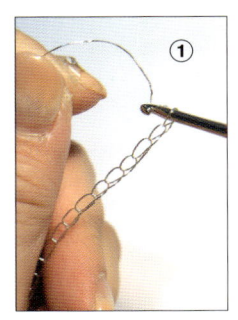

① ワイヤーでくさり編み 30 目を編みます。

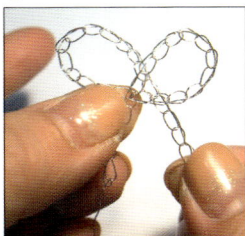

② 中心を軸として両サイドから交差させてリボンのかたちに整えます。

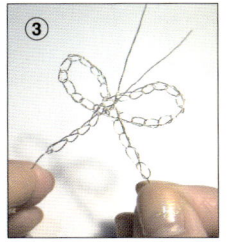

③ 5cm 位にカットしたワイヤーで、中心になるところを固定します。あまったワイヤーはカット。リボンの先も同様にカット。

④ 編みリボンのできあがり。

パールをポイントにつけたバリエーション。

リボンといっしょにくさり編みをしていくと立体的に動くりぼんのパーツがつくれます。

金具のつけ方

平ヤットコ 2 本で開いて丸カンを編みボールの目を 2 つ以上ひっかけて金具をしっかりしめます。(p.114)

ワイヤー / P.083

かご

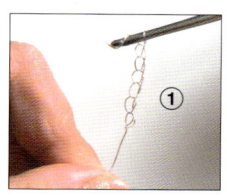

① 編みはじめ7cm程のこして くさり編み4目、立ちあがり 2目、計6目をくさり編み。

② 編み図（p.124）どおり 編んでいきます。

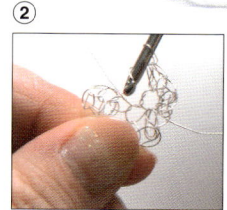

③ もう1枚を同様に編みます。 目打ちや手でかたちを整え 指を使って立体的にまるみを 出します。 編み終わりのワイヤーは 2回ほど巻きつけカット。

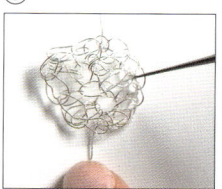

④ 2枚をあわせ、編みはじめの 7cmをつかって、両サイドに それぞれかがっていきます。

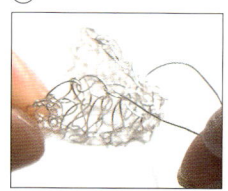

平面パーツのかご（p.85）の 持ち手のように前後の まんなかに持ち手をつけて できあがり。

⑤ 持ち手をワイヤーで つないだパールに。 なかにものも入ります。

黒のワイヤーに アレンジ。

かごと輪の編み図は →P.124

パーツに使った作品例

輪の大小のモチーフ ワイヤーで つないでブローチに。

ボールの パーツをいくつも つないで アクセサリーの かたちに。

輪

① 輪のつくり目をつくり 立ちあがり3目から 長編みを7回編み 1周します。

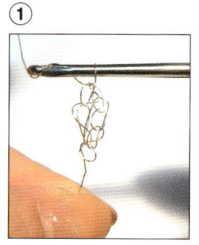

② 立ちあがり1目から 細編みを 編み図（p.124）の とおり編んでいきます。

③ 編みはじめの ワイヤーのはしを 中心の目に2回ほど 巻き通します。

④ あまったワイヤーを カットして 編み輪のできあがり。

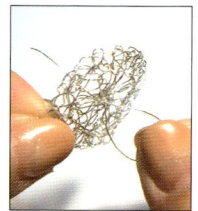

パールをかがりつけた バリエーション。

手法とアイデア 28　　　　　　　　　　　　　　　　　　技法指導・製作　p.127 houta さん

ワイヤーで平面のパーツをつくる

ワイヤー細工の基本の方法でつくるモチーフ　金具の取りつけ部分をつけてアクセサリーのパーツのかたちに

道具・材料／アーティスティックワイヤー・ノンダーニッシュシルバー、カラーワイヤー、平ヤットコ、丸ヤットコ、ニッパー
　　　　　アルミ棒（ボールペンなどで代用可能）、定規など

"まげる" "折る" 基本の方法でつくる

花　作例／ワイヤー#24 使用

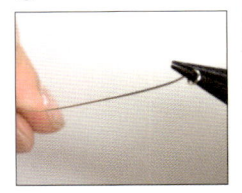

① ワイヤーを、丸ヤットコではしからまるめていく。

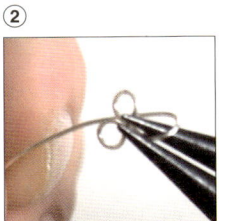

② まるめる作業を順番に4回くり返します。

③ 花びらになるまるい部分が4枚そろったら、あまったワイヤーをカットします。

④ 花パーツのできあがり。

茎と葉の部分をつけたりカラーワイヤーでアレンジしたり。

ばら　作例／ワイヤー#22 使用

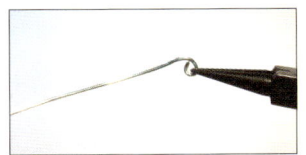

① 1mにカットしたワイヤーを丸ヤットコでまるめていきます。

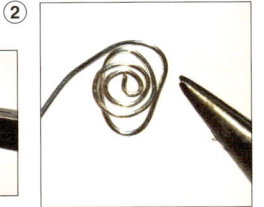

② 平ヤットコで押さえかたちを整えながらまるめていきます。

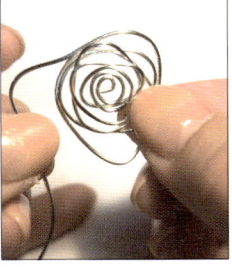

③ まるめたワイヤーを指先やペンチでつめたり、ゆるめながら、つくりたいバラのかたちのイメージにしあげていきます。

④

⑤ 8mmほどのこし、ワイヤーをカット。ヒモやチェーンなどを通せるまるい部分を丸ヤットコでつくり、できあがり。

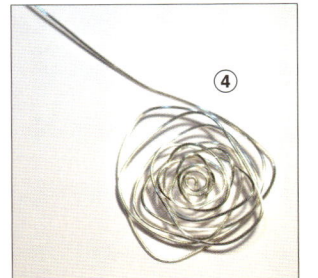

最後にワイヤーを7cmほどのこしバラの外枠のトップにしたい位置にしっかり2回巻きつけ、固定させます。

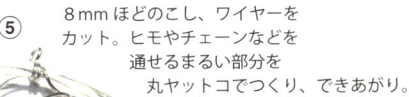

カラーワイヤーで製作。エナメル塗料、ガラス絵の具（p.45）などで塗ってもきれいなオリジナルパーツがつくれます。

ワイヤー / P.085

鳥　作例 / ワイヤー #24 使用

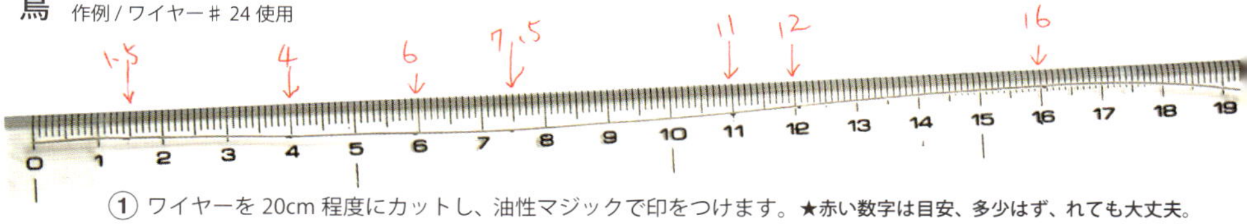

① ワイヤーを20cm程度にカットし、油性マジックで印をつけます。★赤い数字は目安、多少はずれても大丈夫。

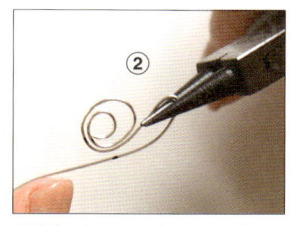

② はじめの1.5cmのところで1回、4cmで2重にまるめます。6cmの部分を丸ヤットコではさみ尾をつくり、7.5cmの印が2重の羽の下にくるように。頭は、親指でまるみを整えます。

③ 11cmのところを平ヤットコではさんでくちばしにします。

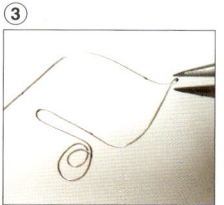

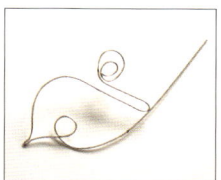

④ 12cmの部分からまるめて全体のかたちを小鳥らしく整えていきます。

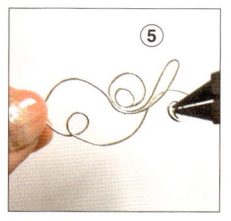

⑤ ワイヤーのはしからまるめて16cmの印を尾の部分に引っかけます。油性ペンの跡は除光液やシンナーでふき取ります。

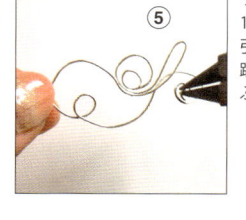

ちょうちょ　作例 / ワイヤー #24 使用

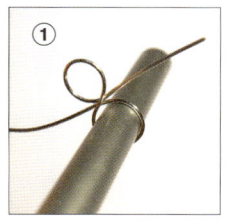

① アルミ棒（p.118）やペンの軸にワイヤーを2つまるめ蝶の羽の部分をつくります。

② 丸ヤットコで押さえながら体の部分をつくります。

③ 触覚をイメージしたワイヤーをすきな長さでカットし先をまるめます。

④ ドロップビーズをアレンジ。

カラーワイヤーやビーズで変身。

かご　作例 / かご部分ワイヤー #24　持ち手 #28

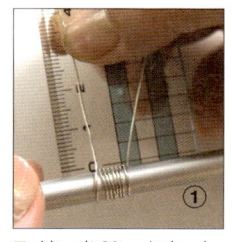

① ワイヤーを30cmにカット。直径7mmのアルミ棒（p.118）に左端6cmのこし、右に7回巻きつけます。アルミ棒を6mmに差しかえ左右共2回、4mmで両サイド、3mmも両サイド1回ずつ巻きつけ。

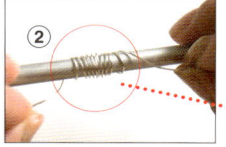

② アルミ棒を6mmにかえ左右共2回ずつ、次に4mmにして両サイドを1回ずつ、3mmにかえ両サイド1回ずつ巻きつけます。

③ アルミ棒をぬきワイヤーを平面に整えて左右のあまったワイヤーの長さをそろえ丸ヤットコでまるめ持ち手の穴をつくります。

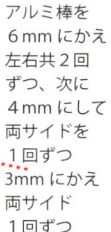

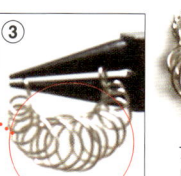

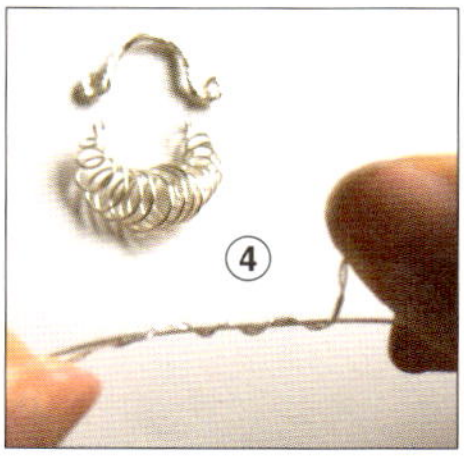

④ ワイヤーを12cmでカットし半分に折りねじります。それを6cmに巻きつけ長さを整えカット。両サイドをまるめ持ち手にします。

⑤ かごに持ち手をつけてできあがり。

ブラックワイヤーとリボンのバリエーション。

手法とアイデア 29

ワイヤーで立体のパーツをつくる

やわらかい真鍮ワイヤーを素材にビーズやデコレーションをくわえて ひとつだけでもかわいいパーツのかたち

道具・材料 / 真鍮ワイヤー、ビーズ、ペンチ、ニッパー、アルミ棒（ボールペンなどで代用可能）、マスキングテープなど

"まげる""折る" 基本の方法でつくるかたち

作例 / ワイヤー #31 使用

鳥かご

① ワイヤーをアルミ棒（p.118）サインペンなど芯になるものに 14、5回巻きつけます。ビーズなどをつけたい時はいっしょに通しておきます。

② 芯からはずし上下を2、3回巻いて固定します。

③ 巻きおわった部分をまとめてねじり金具の取りつけ用の輪をつくります。

④ ワイヤーを左右にひろげ球のかたちになるよう整えます。

星

① ペンなど芯の棒につくりたい星の角の数だけワイヤーを巻きつけ芯からはずし 2、3回巻いて固定します。

② 丸の輪を円周状に均等にひろげます。

③ ペンチの先で折り曲げトゲのかたちに整えます。

④ あまりのワイヤーにビーズを通して細い芯を使って 4、5回巻きます。芯をはずし、トゲの中心にまるめます。

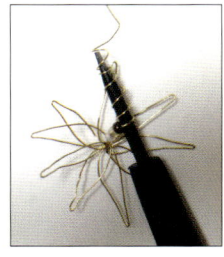

⑤ あまりのワイヤーをまとめてねじりペンチで先をまるくして金具の取りつけ用の輪をつくってできあがり。

花

① 上記の"星"のつくり方①～③で"花びら"を2つと花の茎のパーツをつくります。茎のワイヤーは花びらをまとめるためにあまりを長くしておきます。

② 3つのパーツを花びらの中心でまとめます。

③ ワイヤーをまとめてねじります。あまった部分はカット。

④ ペンチで先をまるくして金具の取りつけ用の輪をつくります。

ワイヤー / p.087

技法指導・製作 p.127 荻野さやかさん

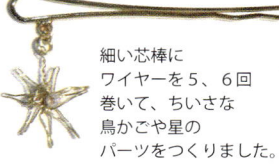

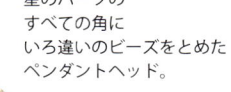

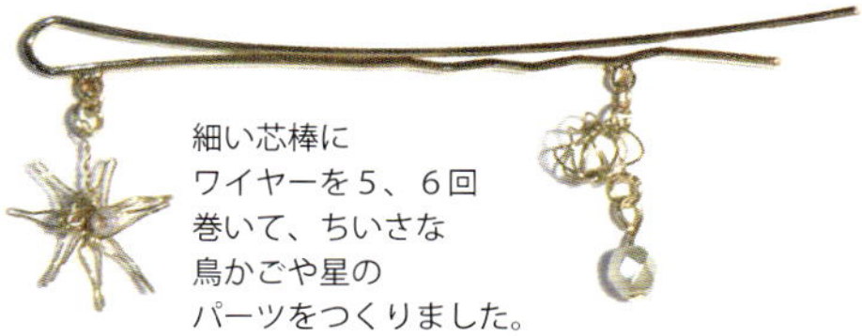

細い芯棒に
ワイヤーを5、6回
巻いて、ちいさな
鳥かごや星の
パーツをつくりました。

オリジナルのパーツを
つくるテクニック

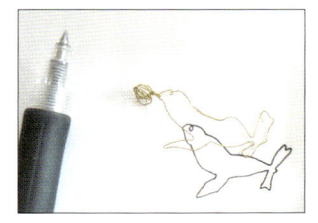

つくりたいかたちの
アウトラインを
描いておいて
イラストにそって
ワイヤーを曲げていきます。

ワイヤーを巻きつけたり
均等な輪をいくつもつくる時に使う芯棒には
アルミ棒（p.118）を使うか
つくりたいパーツや部分のおおきさごとに
太さの違うペンや
大小のドライバーの先を用意して
代用します。

ワイヤーを曲げる時は
ペンチの先をワイヤーに
あてながら曲げると
きれいなかたちになります

ワイヤーでできた
パーツどうしを
つなぎあわせるときは
マスキングテープなどで
貼りあわせておくと
作業がかんたんです。

パーツを使った作品例

星のパーツの
すべての角に
いろ違いのビーズをとめた
ペンダントヘッド。

平面のデザインの
ワイヤーパーツの
あしかの頭のうえに
細い芯棒でつくった
鳥かごパーツを
曲芸の玉のように
アレンジ。

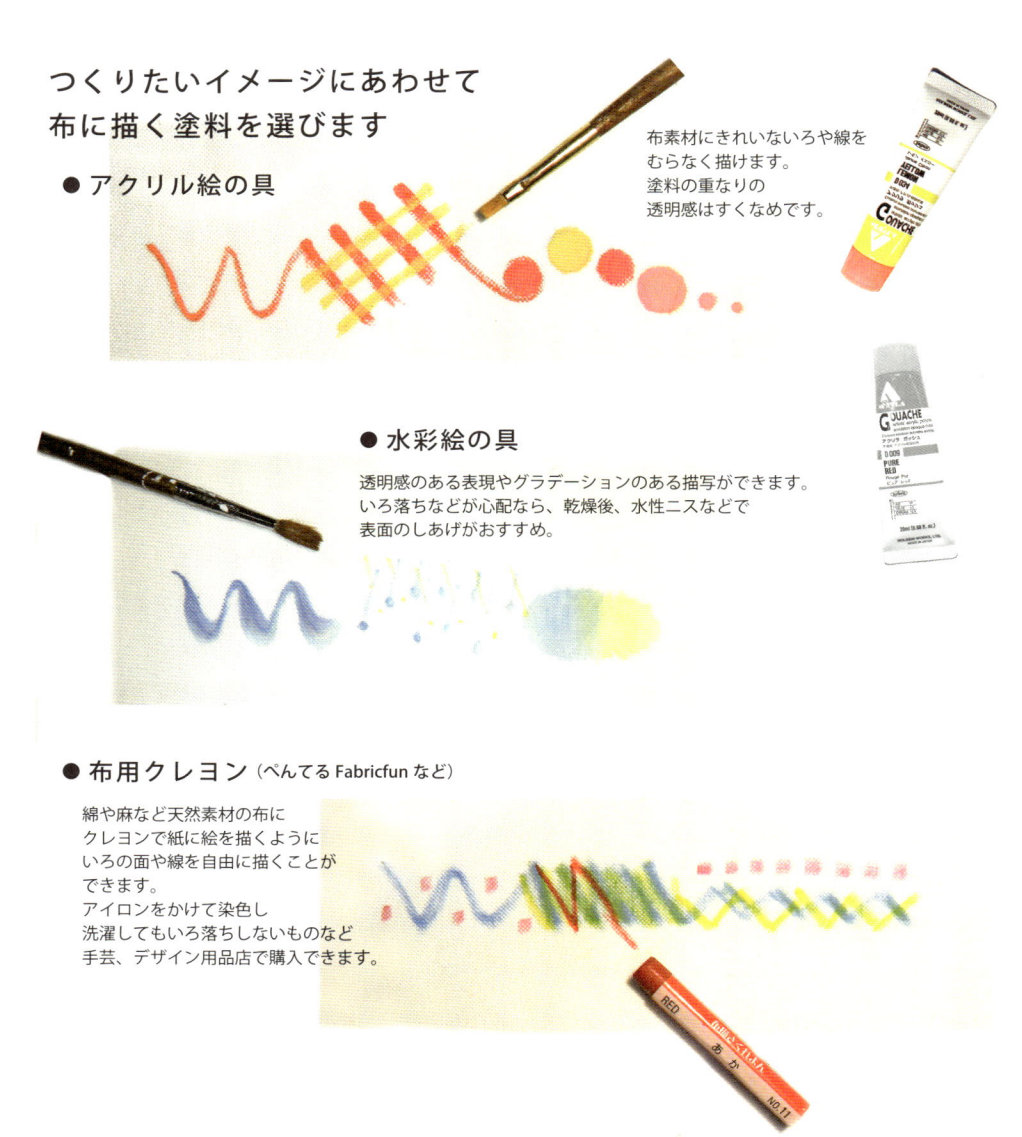

つくりたいイメージにあわせて
布に描く塗料を選びます

● アクリル絵の具

布素材にきれいないろや線を
むらなく描けます。
塗料の重なりの
透明感はすくなめです。

● 水彩絵の具

透明感のある表現やグラデーションのある描写ができます。
いろ落ちなどが心配なら、乾燥後、水性ニスなどで
表面のしあげがおすすめ。

● 布用クレヨン（ぺんてる Fabricfun など）

綿や麻など天然素材の布に
クレヨンで紙に絵を描くように
いろの面や線を自由に描くことが
できます。
アイロンをかけて染色し
洗濯してもいろ落ちしないものなど
手芸、デザイン用品店で購入できます。

● 布用マーカー

サインペンで線画を描くように
天然、合成繊維、いろんな布に
自由に描くことができます。
耐水性のインクを使用しているので
洗濯しても大丈夫。

ペイント / P.089

#8 ペイント

いろを塗って 絵を描いて パーツをつくるテクニック

キャンバスの生地素材でつくった
まるいぬのぐるみ (p.68)
いろんな顔をアクリル絵の具で
描きました。

メッキ感覚スプレー＋ラメ
金属感がラメの溶液で
やや濃いめに
輝きもコントラストが
増した感じに。

ラメ
反射する角度ごとにきらきら
ラメが輝いてきれい。

水彩絵の具
アクリル絵の具の目鼻
ほお紅の下絵のうえに
うすめに全体に塗りました。

水性ニス（透明）
光沢感にくわえて
樹脂で固めたような感じに。

しあげの方法
素材もいろいろ 表情もかわる

メッキ感覚スプレー
不透明な
塗料のため
表情の線は
スプレーの後
うえに描写。

油性ニス（有色）
つやつや
ガラス質のような表面に。

紅茶染め
アクリル絵の具の下絵には
変化なし。きれいな
"日焼け"いろに染まります。

手法とアイデア 30

ぬのぐるみにペイント パーツをつくる

ちいさなぬいぐるみの "ぬのぐるみ" に絵を描いて、見こことちないモチーフやパーツをハンドメイド

道具・材料 / 布、はさみ、針、糸、綿、画材、筆など

基本のつくり方 描き方のポイント

① どんな絵や かたち、おおきさの パーツをつくりたいか いろいろスケッチ。 原画をつくります。

② 原画のりんかくを 型紙にして ぬのぐるみを つくります。

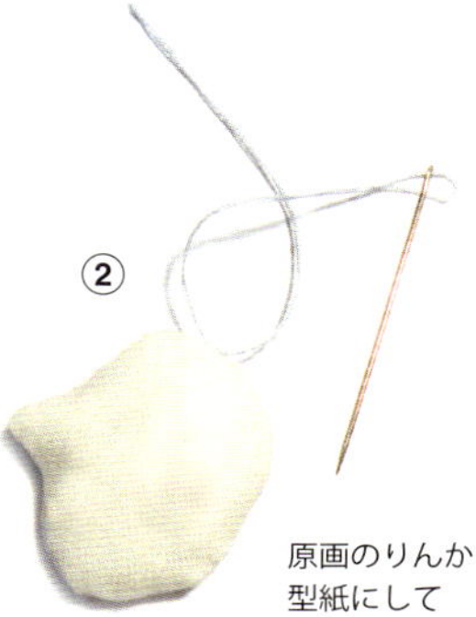

③ つくりたいイメージに ぴったりの画材を選んで いろや線を直接 描きます。

布のパーツのかたち ぬのぐるみのつくり方は → P.68

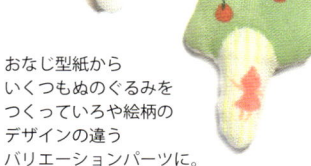

鳥の絵にしてみたり さかさにして きのこにしてみたり。

表と裏の 表情をかえてみたり。

おなじ型紙から いくつもぬのぐるみを つくっていろや絵柄の デザインの違う バリエーションパーツに。

表と裏のある ぬのぐるみ
アイデアをそのままペイントして

つくりたい アクセサリーに あわせて金具を つけたり 針と糸でつなげたり。

絵が苦手でも ドッドやストライプで きれいないろとかたちが つくれます。

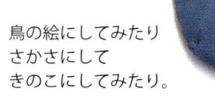

9ピンの金具のつけ方は → P.69

技法指導・製作 p.127 うめはらはつみさん

ペイント / P.091

まるく切りぬいた
キャンバス生地に
水彩絵の具で
うっすらペイント
しぼった部分を針と糸で
とめたスミレの
モチーフ。

金具を糸で縫いつけて
かんたん、でもとてもかわいい
ブローチができました。

**パーツを
つくった
作品例**

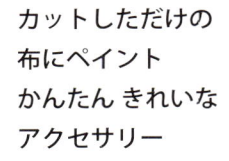

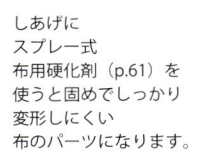

カットしただけの
布にペイント
かんたん きれいな
アクセサリー

まるくカットの布の表裏と
糸にも水彩絵の具でいろづけ
縫いつけた糸を
金具でまとめて
耳元でゆれる
ピアスにアレンジ。

ぬのぐるみを
人形をつくった
モチーフ（p.70）に
アクリル絵の具で
ペイントした手足が
ぶらぶらマスコット。

しあげに
スプレー式
布用硬化剤（p.61）を
使うと固めでしっかり
変形しにくい
布のパーツになります。

ベースが布だから
金具がなくても
縫いとめてつけられます。

手法とアイデア 31
いろんな素材にペイント比較

おなじ塗料やニス、ラメなどの素材を塗っても 下地の選び方でパーツやモチーフの表情はさまざま

レース、布　綿のレースモチーフ

水性ニス＋ラメ
樹脂で固めたような表面
見る角度でキラキラ
輝きがかわる。

水彩絵の具
凸凹感のある表面に
筆でたたくようにいろづけ。

布用マーカー
レースの糸目にあわせて
線画を加筆。

メッキ感覚スプレー
糸の質感がくっきり
光沢感は塗料よりも
おさえめに。

粘土のかたち　樹脂粘土の成形

アクリル絵の具＋水性ニス
きれいでむらのない
いろのり。
ポップな光沢感。

アクリル絵の具＋ラメ
布やレース、木の素材より
ラメがはっきりきれい。

水彩絵の具
つやのない
木彫りに彩色したような
落ち着いたしあがり。

メッキ感覚スプレー
布、レース素材より
つやつや金属感あり。

木、枝

水彩絵の具＋ラメ
光沢感はひかえめ。
表面が曲面なため
ラメも反射部分がすくなめ。

アクリル絵の具＋水性ニス
きれいでむらのない
いろのり。
樹脂素材のような質感。

アクリル絵の具
いろづけ、点描、細かな描写など
ペイントしやすい。
粘土の場合より光沢感はすくなめ。

ペイント / P.093

好きな写真や絵を見つけて
ペイントパーツをつくりました

★販売するための
アクセサリーのパーツを
つくる時は著者の没後
60年以上を経過した
著作権の無効なものを
選びます。

むかしの図鑑の本のページのなかに
不思議なすがた、きれいなかたちの
鳥たちを見つけました。

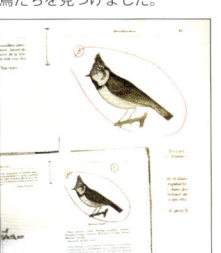

つくりたいパーツのおおきさに
あわせた比率でコピー。
原画をつくります。

★ほかにも
布に原画をラフに写せる
トレーシングペーパーや
チャコペンをつかう方法
(p.26)もあります。

パーツの素材にする布のうえに
カーボン紙と原画をおいて
細めのペンで線をトレースします。

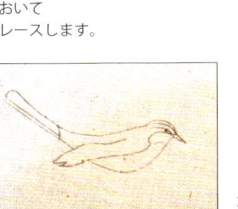

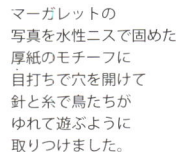

カーボン紙で写った線画を
そのまま活かして、アクリル塗料で彩色。
水性ニスを塗ってから、はしをのこしてカット。
鳥たちのモチーフパーツをつくりました。

パーツを
つくった
作品例

技法指導・製作　p.127　うめはらはつみさん

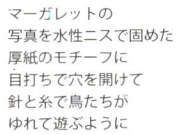

よった糸の
ひもを
モチーフにボンドで
貼った金具で取りつけ
シンプルだけど
かわいい鳥たちの集う
ペンダントのかたちに。

マーガレットの
写真を水性ニスで固めた
厚紙のモチーフに
目打ちで穴を開けて
針と糸で鳥たちが
ゆれて遊ぶように
取りつけました。

手法とアイデア **32**

プラ板でペイント パーツをつくる

キッチンのトースターを使って プラ板に描いた絵をそのままパーツに かんたん工作 きれいなものづくり

基本の方法

道具・材料 / ミトン、プラ板（厚さ0.2mm位）、筆、ペンチ、穴あけパンチ、トースター
はさみ、アルミホイル、丸カン、アクリル絵の具、油性ペンなど

① 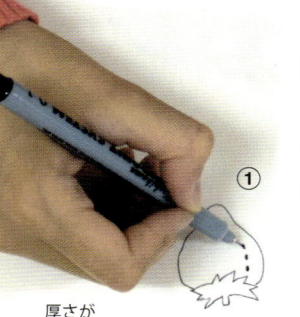
厚さが
0.2mm位のプラ板に
油性ペンで絵を描きます。

② 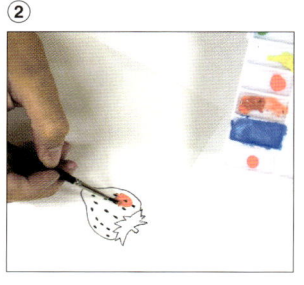
絵を描いた面を裏にして
アクリル絵の具を塗ります。

③ 
絵の具が乾いたら
絵のじゃまにならない
ところに穴あけパンチ
などであけます。

④ 
イラストから
2mmぐらい外側を
切っていきます。

⑤ 
アルミホイルを敷いて
熱しておいたトースターに
入れると、プラ板が
どんどん縮んでいきます。

⑥ 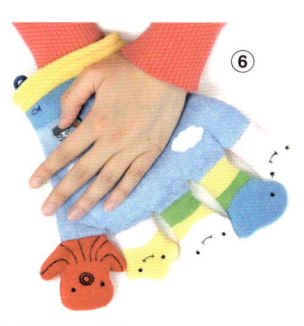
ある程度縮んだら
すばやく取り出して
うえから強く
押さえつけます。

おおきさ比較

大きさの比較。
トースターに入れると
だいたい1/3くらいに
ちいさくなります。

透明なパーツの つくり方

アクリル絵の具の
かわりに油性ペンを
つかうと透明感のある
プラ板パーツに。

きれいな発色にアレンジ

焼いた後で、裏面を
ラメいろのマニキュアでコーティング
すると発色がアップします。

白いプラ板を つかうと

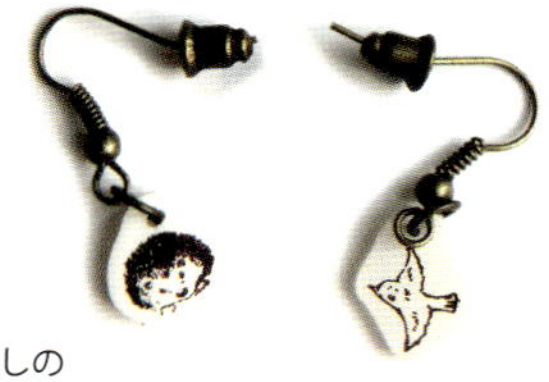

つや消しの
白いパーツがつくれます。
スタンプを押してもそのまま縮小。

ペイント / P.095

プラ板とリネンやレースの
素材感の違いを組みあわせて
ひとりひとりのアクセサリーのかたちに。

金具のつけ方

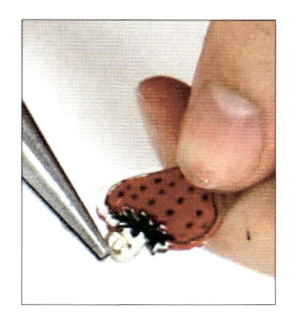

あけておいた穴に
丸カンなどの金具を通して
アクセサリーにアレンジします。

平面部分のある
金具ならプラ板の
裏の面の部分と
瞬間接着剤などで
取りつけます。

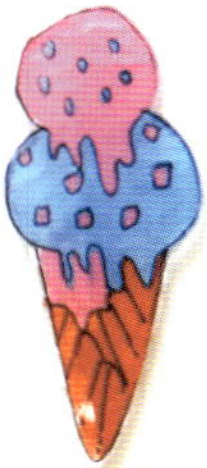

はさみでさくさく
切りぬいた部分も縮まると
そのままちいさな穴に。

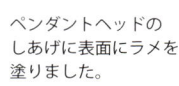

ペンダントヘッドの
しあげに表面にラメを
塗りました。

パーツを
使った
作品例

技法指導、製作　p.125 神保町手芸部さん

プラ板に描いた絵といっしょに
ペイントした色調もアップ

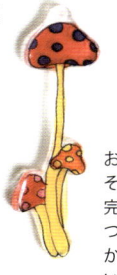

おおきなかたちが
そのまま縮小するから
完成のサイズだと
つくりにくい
かたちもおおきく
いろいろつくれます。

子どもの頃を思い出す
モール細工の素材
紙でくるくるかたちをつくる
クイリングの道具と方法

● カラーモール

モール細工の基本の素材。
太さもいろいろ。金銀に輝く素材のもの。
ひょうたんのように途中がふくらんだもの。
キャンディのように1本が多色のものなど
バリエーションも豊富。

芯の針金を曲げたりつなげて
いろんなかたちをつくれます。

（材料提供/株式会社 創&遊）

● クイリングの用紙

クイリングペーパー
タント紙、古紙、ラッピングペーパーなど。
紹介するパーツづくりでは3mm幅と6mm幅の
クイリングペーパーを使用しています。
クリングペーパー以外のものでも
うすめのものであれば使いたい紙を
カットして使用することができます。

クイリング
専用ペーパー

クイリングペーパーの基本の巻き方

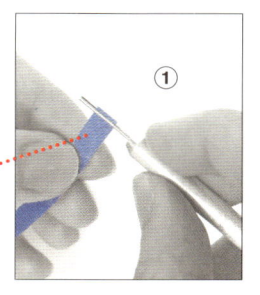

①

クイリングツールの
溝にクイリングペーパーを
はさんで、ペーパーの
はしから、巻きはじめます。

♯9
クラフト・工作

とてもかんたん だからいろんなかたちをイメージのまま試作できる
工作の方法でつくるアクセサリーのパーツとモチーフ

水性ニス

筆で表面に塗って
しあげに使います。

クイリングツール

クイリング専用の
紙を巻くための道具たち。
先が割れていて、紙をはさんで
かんたんに巻くことができます。

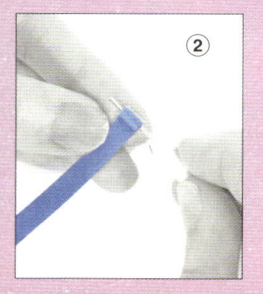

② できるだけ
左右がずれないように
最後までしっかり
巻いていきます。

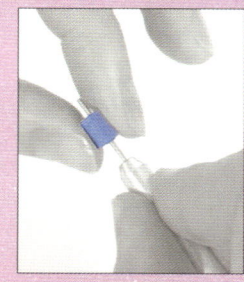

③ 巻き終わりを軽く押さえて
"くせ"つけをします。

④ 親指でペーパーを押し出すように
ゆっくりとツールからはずします。

手法とアイデア **33**

技法指導 ▶ **p.127** ぶてらのどんさん

モールでモチーフパーツをつくる

かんたんな方法の組みあわせ　失敗しても もとのかたちに指でもどせば大丈夫

道具・材料 / モール各色、目打ち、手芸用ボンド、ヤットコ、切断用ニッパー、ペンチなど

玉がひとつだけでも、かわいい。

玉

① 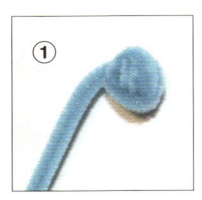
モールの先端から均等にまるくなるよう巻いていきます。巻き終わり（モールの先端）をなかにさしこんでなかに隠します。

② 
目打ちなどで穴を開けてひろげ先にボンドをつけたヒートン金具をさして接着。

チェリー

① 
玉をつくる方法でぐるぐる巻いた実を2つつくりカットした枝のモールの先にボンドをつけます。

② 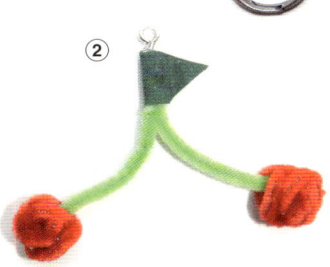
枝のモールを2つに折り葉にする布をカットして9ピン金具と枝のモールを巻きこむようにはさんでボンドで接着。乾いたら布を葉のかたちにカットします。

いちご

① 
モールをぐるぐるまるい玉のかたちに指先で巻いていきます。

② 
①の玉を芯にしてもう1本のモールをいちごのかたちになるよう巻きつけます。

③ 
9ピン金具を葉のかたちにカットした布にさしこみ先にボンドをつけていちごのかたちにさします。

④
つくりたいイメージにあわせビーズや人形の目のパーツなどでつぶつぶや飾りをつけます。 

きのこ

① 
モールを先端から一周ずつ円をひろげながら巻いてきのこの傘をつくります。

②
モールを折った片方を軸にして片方を巻きつけて茎の部分をつくります。

③
茎の巻き終わりを傘の内側に折りこみいっしょにします。9ピン金具をボンドで取りつけ。

ハート

① 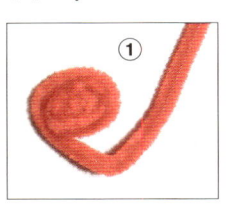
1本のモールの中心に折り目をつけ両はしとも内側にすきまなく平らに巻いていきます。

② 
Cカン金具をヤットコなどでひっかけ取りつけイメージにあわせビーズやラインストーンなどで飾りつけ。

材料提供 / 株式会社 創&遊

工作・クラフト / P.099

お花

① モールの先をペンの軸などに一周させてはずし、先端をなかに入れこみます。

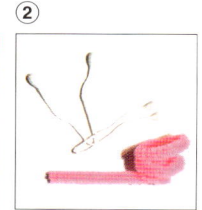

② だんだん円がちいさくなるように巻いていき3cm位をまっすぐのこしておきます。

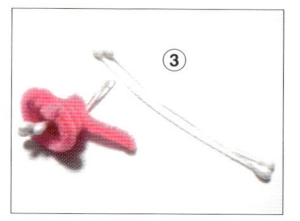

③ 造花づくりに使うペップのパーツを半分に折って、2本をモールのまんなかに通し、のこしておいたモールをペップにしっかり巻きつけます。

④ ボンドで花の裏のペップとモールをしっかり接着して完成。

鳥かご

① 1本のモール素材を1/3にカットしたものを4本用意。3本は両はしを折っていき、1本はまるく円のかたちに曲げます。

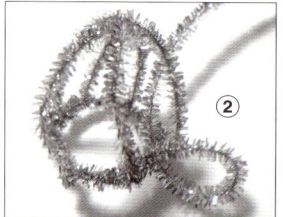

② のこりの3本をドームのかたちにし折っておいた部分を円に巻きつけ①とは別のモールのはしを円の部分に巻いて、鳥かごの底にもぐるりと一周させます。

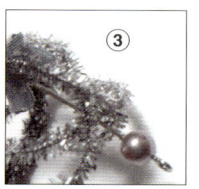

③ 9ピンにパールビーズを通して、鳥のかたちにカットした布を2枚で9ピンの先をはさんでかごのうえからさしこみます。

④ かわいいパーツのできあがり。

ひつじ

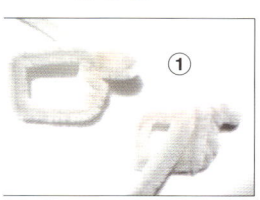

① 縦：横が3：4位の長方形のボディをつくりしっぽの部分をつくりのこりでボディに巻きつけ。

② 一筆描きのように3つの山をつくって、のこったモールを中央に巻きつけボディにとめます。

③ モールを半分に折って脚をつくって、ボディにひっかけボンドで接着。

④ Cカンや9ピン金具を取りつけます。

金具を選ぶ・つける方法は112ページへ → P.112

つくり方をアレンジ
ひとりひとりのパーツのかたち

モールをちいさくカットボンドで貼って飾りやポイントを表現。

いくつもつくって、アクセサリーのかたちに。

手法とアイデア **34**

折り紙でモチーフパーツをつくる

紙の素材でも 水性ニスでコーティングすれば 身につけるアクセサリーに使えます

折り鶴でつくる

道具・材料／ピンセット・筆・接着剤・水性ニス、9ピン・ビーズ・マニキュア、折り紙、目打ちなど

① 5cm四方の折り紙を用意します。

② 鶴を折ります。案内の線を入れピンセットなどを使うとちいさくきれいに折れます。

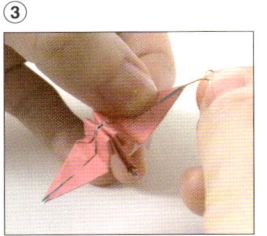

③ 9ピン金具を羽根のなかにボンドで取りつけます。

単色、ストライプ
いろんな模様
鶴に折る紙の選び方で
パーツの表情もかわります。

④ 表面全体を水性ニスで塗り固めます。半乾きの時に、羽根をひっぱると鶴の体の部分がきれいにふくらみます。

⑤ 乾いてからビーズなどボンドで貼りつけデコレーション。

⑥ 目打ちなどで穴を開金具の先端にボンドをつけてさしこみできあがり。

折り鶴や切りぬきのモチーフを
パーツにしてブレスレットをつくりました。

工作・クラフト / P.101

オリジナルのかたちをつくる

技法指導、製作 ➔ p.127 A.S.P しばた あいさん

道具・材料 / はさみ、手芸用ボンド、接着剤、水性ニス、筆、ホチキス、セロテープ、トレーシングペーパー
9ピン・ワイヤー・造花用フローラルテープ、ビーズ・リボン、紙など

左右対称の平面パーツ

① パーツにしたい左右対称に図案をスケッチトレーシングペーパーなどに写します。(p.119 にも図案あり)

② 4cm四方の紙を半分に折り①のトレーシングペーパーをうえに重ね、ホチキスなどで固定。図案をはさみで切り取りとったものを2枚作成。間に9ピンをはさんでボンドで貼りあわせます。

③

④ 全体をニスで塗って乾かし、ビーズなどを接着剤でデコレーションしてできあがり。

左右対称の立体パーツ

① 平面パーツとおなじようにスケッチ図案を写し取ります。

② 平面パーツとおなじ方法で図案をはさみで切り取ったものを4枚作成。そのうち2枚をボンドで貼りあわせ残りの2枚は9ピンを間にはさみボンドで貼りあわせ。

③ ②を重ねあわせまんなかをホチキスでとめ、開いてかたちをつくります。

④ 全体を水性ニスで塗って乾いたらビーズなどを接着剤で貼りつけて、できあがり。

**パーツがつくれる
左右対称のシルエット図案は
119 ページへ** ➔ P.119

ワイヤーのお花パーツ

つくりたい花びらのかたちを紙から1枚切りだし、型紙にします。紙に写して、おなじかたちの花びらを12枚切り取ります。

①

② 長さ5cm位のワイヤーを6本用意。2枚の花びらの間にワイヤーをはさみこむようにボンドで貼りあわせして同じものを6本つくります。水性ニスを花びらに塗って乾かします。

③ 花びら6枚をまとめまんなかに9ピンをさしこみます。花びらと9ピンが動かないようセロテープで固定。ワイヤー全体をフローラルテープで巻きます。花びらにビーズを貼ったり茎にリボンなど飾って、できあがり。

手法とアイデア 35

クイリングでパーツとアクセサリーをつくる

くるくる巻いた紙のかたちをかえて カットをくわえた立体のかたちで かわいいパーツをハンドメイド

道具・材料／クイリングツール（p.97）はさみ、ボンド、接着剤、水性ニス、ピンセット、クイリングペーパー、9ピン、ビーズなど

フリンジお花のパーツ

① 花びら部分になる7mm幅の
クイリングペーパーを7.5cm
花の中心部分になる3mm幅の
クイリングペーパーを7.5cm
用意します。

② 花びら部分のペーパーに
ハサミで切りこみを入れます。

③ 切りこみを入れた
ペーパーと中心部分の
ペーパーをボンドで
つなぎあわせます。

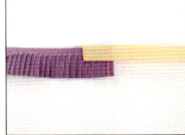

④ 3mmのペーパーの
はしから
クイリングツール（p.97）で
最後まで巻いていきます。
巻き終わりをボンドで
とめます。

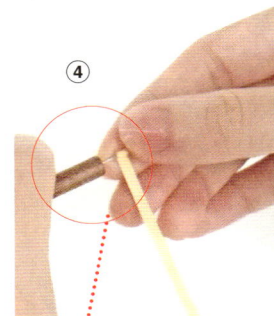

⑤ 花びらを
指で押しひろげます。

⑥ アクセサリーの取りつけ
金具を接着剤などで
貼りつけます。

⑦ 全体を水性ニスか
レジン（p.8）で塗り
固めます。

金具を選ぶ・つける
方法は112ページへ →P.112

ケーキのパーツ

① 幅3mmの
クイリングペーパー30cmを
白2本、薄黄2本
用意します。

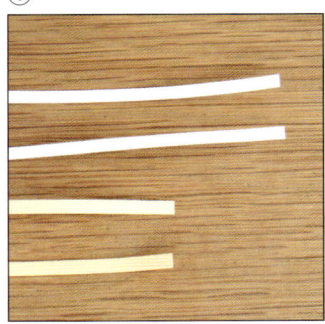

② クイリングツールで
ペーパーを巻きます。
巻き終わったら
ツールをはずします。
ペーパーのはしに
ボンドをつけ
指先でつまみ三角に。
おなじものを4つ
つくります。

③ ②でつくったものを
ボンドで貼り
あわせます。
その時、下から
1段目と2段目の
間に9ピンを
はさみこむよう
貼りあわせます。

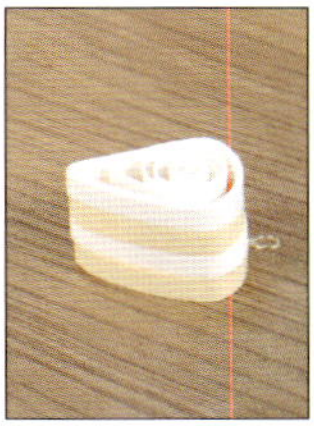

④ 全体を水性ニスかレジンで
塗り固めます。

⑤ イチゴのパーツやビーズなどを
デコレーションして、できあがり。

工作・クラフト / P.103

技法指導、製作 ⓢp.127 A.S.P しばた あいさん

クイリングのパーツを
組みあわせ アクセサリーに

フリンジのお花パーツに
レースをボンドで貼りつけ、水性ニスで
塗り固めたものをいくつも作成。

アクセサリーの
取りつけ金具をボンドで接着
チェーンのかわりの
いろあいのあうリボンを
つけてペンダントに。

布などのうえにアレンジ
ボンドではって花かごのおおきなモチーフに。

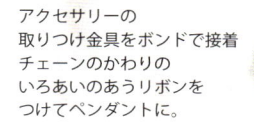

ケーキのパーツをアクセサリーの
土台パーツに接着剤で貼りつけます。

おいしそうに盛りつけて
スウィーツのブローチができました。

指先を飾る手法を使って ちいさくかわいいものづくり

● ネイルアート

専用ジェルを紫外線のUVライトで硬化させ
いろを重ね、デコレーションをのせていく方法を
パーツづくりにアレンジ。
いままで見たこともない、ひとりひとりがデザインできる
アクセサリーがつくれます。

ネイルジェル

さまざまな
カラーバリエーションがあり
１色ごとをUVライト（p.8）で
硬化させながら重ねていきます。
ネイル素材販売店で購入可能。

ネイルアートのための細描き用の筆を使うと
パーツのうえに繊細な表現ができます。

ラインストーン ブリオン

ネイル専用の
デコレーションパーツ。
アクセサリー用の
同様の素材でも代用OK。

ラメ、エナメル

ラメは、クリアジェルと
あらかじめ混ぜておいてから使います。

ネイルアート用チップスタンド

製作途中、乾燥中にパーツに
直接ふれずに作業ができて便利。

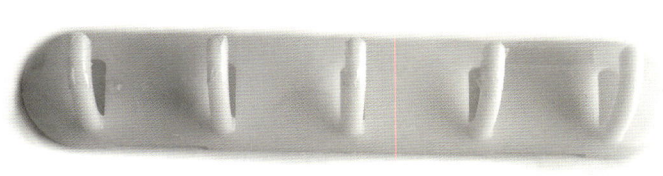

♯10 ネイルアート

むかしからのアクセサリーづくりの方法だった ディップアート
いま いろんな方法がうまれている ネイルアートをアレンジ
オリジナルのアクセサリーをつくるための テクニックに

トップコート

下地用ニス
（ケマージュなど）
カラージェルを塗る前の
ベースづくりに使います。

**未硬化ジェル
ふき取り専用剤**
UVライトから
取り出した後
未硬化のジェルを
ふき取るために
カットしたキッチン
ペーパーなどにひたして
使います。
エタノールでも代用可能。

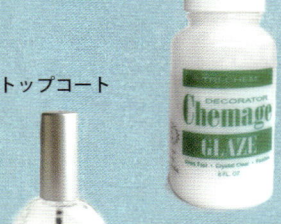

しあげの段階で
ガラスのような光沢を
増したい時、重ね塗りします。

● **アメリカンフラワー / ディップアート**

ネイルアートの原型、マニキュア用の樹脂溶液を使って
ワイヤーで囲んだかたちのうすい透明膜を硬化させ
花やさまざまなかたちのちいさなパーツがつくれます。
この方法でつくった膜のうえに
ネイルアートのデコレーションも可能。

ディップ液
（トアディップなど）

手法とアイデア 36

自分でデザイン パーツをつくる

くるくる巻いた紙のかたちをかえて カットをくわえた立体のかたちで
かわいいパーツをハンドメイド

技法指導、製作 p.127 smilucky 白神寛子 さん

① スケッチをしてデザインを決めたら図案をトレーシングペーパーとカーボン用紙などで左右対象になるよう2つ描きます。

デコレーションの材料をのせると完成のイメージがひろがります。

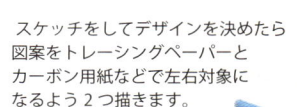

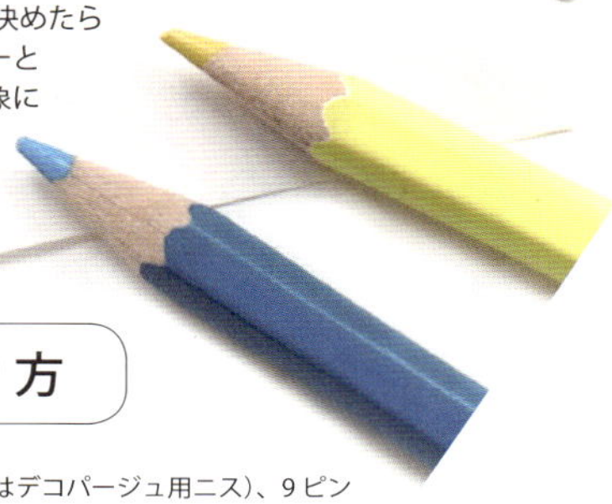

基本のつくり方

道具・材料／紙、水性ニス（またはデコパージュ用ニス）、9ピン
ネイルジェル、ネイル用デコレーションパーツ
未硬化ジェルふき取り専用剤（またはエタノール）はさみ
ピンセット、筆、UVライト、トレーシングペーパー
キッチンペーパー、画材など

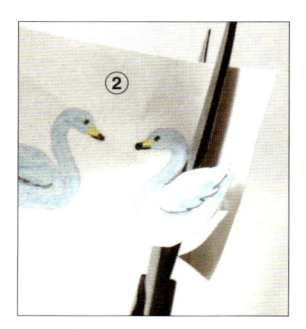

② 下絵が完成したら左右対象の2つ図案のまわりをきれいにカットします。

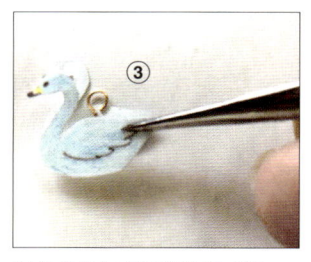

③ 9ピンをはさんで2枚をボンドで貼りあわせ、片面ずつ表面に下地用の水性ニスを塗ります。

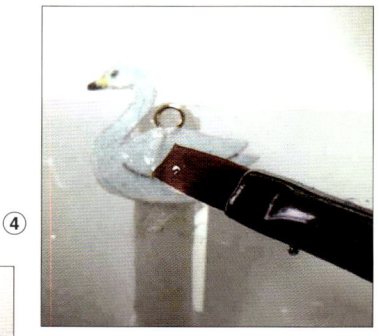

④ ニスが乾いたら、片面にネイルジェルを塗り、UVライトを20秒位、照射させて"半硬化"したら、未硬化の部分のジェルをふき取り剤（またはエタノール）でふき取ります。

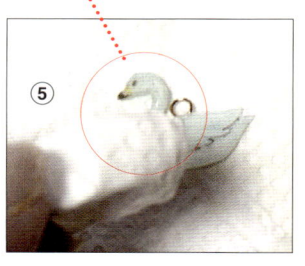

⑤ ひっくり返し、のこりの片面もネイルジェルを塗り硬化させて未硬化ジェルをふき取る作業を続けて希望の彩色が終わったら完全硬化させ、できあがり。

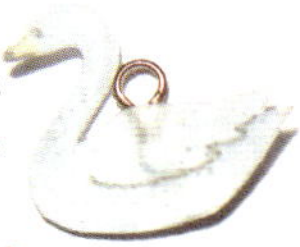

自由な
アイデアで
さまざまな
しあげに。

★ネイルジェルは、1度に何色も時間をかけてペイントするとにじんでしまったりいろが混ざってしまうことも。
きれいにしあげるには、1色をペイントし終えたら
20秒位 UVランプを照射させて"仮硬化"させ
カラージェルが変形してしまうのを防ぎます。

ネイルアート / P.107

いろんなしあげ 比較とポイント

つくりたいイメージにあわせ こんなに違うバリエーション

しあげのデコレーションの方法は108ページへ →P.108

デザイン原画

彩色下絵
輪郭線ぎりぎりでカットし、ネイルジェルでベースいろ塗りをします。

彩色下絵のイメージでしあげ

しあげのバリエーション例

カラーバリエーション　コントラスト強調　カラージェルでペイント　ストーン別色　カラーバリエーション

ストーン変更　ハートパーツ追加　ネイルシート貼り　カラージェル＋ストーン　ラメ塗り＋ストーン

マーブルしあげ　ラインストーン貼り　いろ鉛筆で加筆　いろ鉛筆で加筆　ハートストーン貼り

しあげのデコレーション

技法指導、製作 p.127 smilucky 白神寛子さん

ネイルアートの基本のテクニックをパーツづくりにアレンジ

● なめらかしあげ

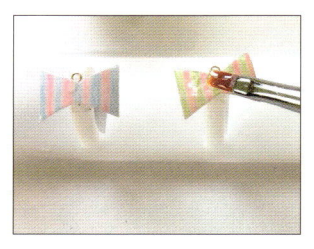

ネイルジェルは"セルフレベリング"という
表面が自然となめらかになっていく性質があります。
ジェルを塗る際に凹凸ができてしまっても
数秒待って表面がなめらかになってから硬化させると
ガラス質のようなきれいなしあがりになります。

● いろ塗り いろづけ

ネイルのカラージェルにはさまざまないろの
バリエーションがあります。すきないろを選び
いろ塗りや絵柄の描写の時は１色ごとに硬化させ
しあげにカラージェルを塗って、硬化させてから
未硬化ジェルのふき取りをするのが基本です。

● ラメ塗り

ラメを使ったバリエーションにしたい時は
クリアジェルにあらかじめラメを混ぜておき
表面に塗って乾かします。

● ラインストーン

ラインストーンをのせてポイントにしたい時は
ジェルを塗り、ストーンを配置した後で硬化します。
ストーンを埋め込むようにクリアジェルを
塗ってしあげるとストーンが取れにくくなります。

● マーブル

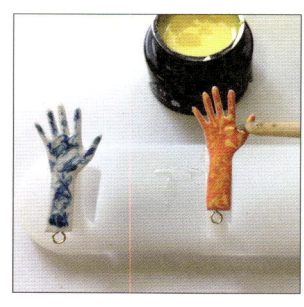

ベースとなるカラージェルを塗り
硬化させずに別のいろのカラージェルを
ドット状にのせてから、楊枝や筆の先などで
ドットをつなぐようになぞると
マーブルの模様が現れます。

ネイルアートの素材や道具たちは →P.104

ネイルアート / P.109

おなじ下絵で
いろをかえて
左右の耳下でゆらゆら
ゆれる。

インパクトのある
カラージェルの
いろと光沢で
パーツがひとつだけでも
存在感のある
アクセサリーを手づくり。

セッティングパーツ（p.14）に
モチーフとして使いました。

パーツで
つくった
作品例

いろ違いの
シルエットを
組みあわせた
カラフル、かわいい
ブレスレット

レトロな
プロダクツのようなたのしいしあがり。

金具を選ぶ・つける
方法は112ページへ　→P.112

光をうけると
ガラスのような光沢がきれい。
布やリボンの素材ともよく似あいます。

つくりたい
アクセサリーにあわせて
ジェルを選んで
デコレーション。
取りつけ金具を選んで
世界でひとつの
オリジナル。

手法とアイデア 37

アメリカンフラワーの方法でパーツをつくる

"ディップアート"ともよばれる ネイルアートやマニュキアの仲間の素材を使った 透明膜のきれいなものづくり

道具・材料／ ワイヤー（#30～#34程度）、ディップ液、ネイルエナメル、ネイル用トップコート、デコレーションパーツ
ヤットコ、ニッパー、スタイロフォーム（スポンジ、発泡スチロール、オアシスでも代用可能）、ペンなど

① 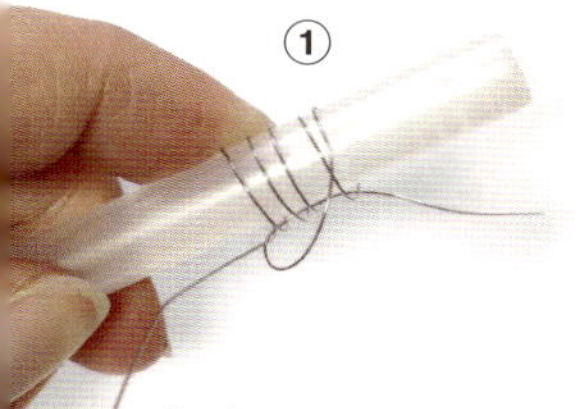
ペンや
アルミ棒（p.118）など
円柱のかたちに
ワイヤーを巻きつけて
輪をつくり、巻き終わりの
ワイヤーを巻きはじめの
側からすべての輪に通します。

② 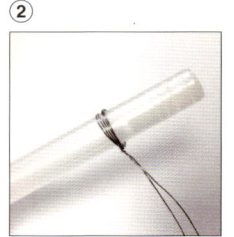
巻きはじめと巻き終わりの
ワイヤーをしっかりしめて
輪の根元で数回ねじって
片方のワイヤーをカット。

③ 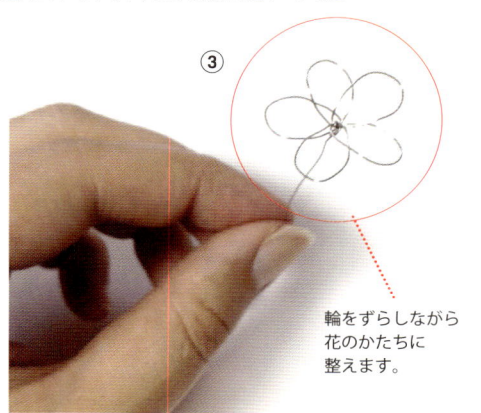
輪をずらしながら
花のかたちに
整えます。

④ 
ワイヤーの花のかたちの部分を
ディップ液（p.105）につけて
膜をつくります。

⑤ 
スタイロフォーム（発砲スチロール
スポンジでもOK）にさして
5～10分位乾かします。

⑥ 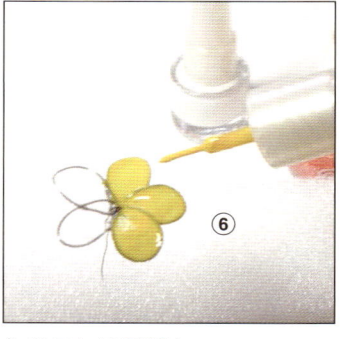
ネイルエナメルで着色し
ネイルアートのパーツとおなじように
ラメやラインストーンをのせて
デコレーション。

トップコートを
数回重ね塗りして、できあがり。
あまったワイヤーは
アクセサリー金具などへの
取りつけに巻きつけ使うので
切らずにそのままに。

⑦

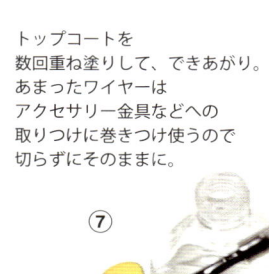

しあげの
バリエーション。
ネイルアートのように
ちいさまラインストーンをのせました。

こちらは、ラメ塗り。

ネイルアート / P.111

技法指導、製作 p.127 smilucky 白神寛子 さん

金具のつけ方

アクセサリー金具などに取りつけるには
あまったワイヤー部分を直接巻きつけて
とめるか、輪をつくってねじり
カンをつくって取りつけます。

ちいさな
ちょうちょを
金具でとめて。

きれいな緑。双葉のブローチ。

ワイヤーのかたちをかえて
ビオラの花弁のかたちといろを
写したピアス、リングたち。

パーツで
つくった
作品例

ラメをのせて
レトロでポップな
ディップアートリング。

光を透す 透明なパーツ
きらきら きれいなアクセサリー

小花やちょうちょ、プロペラのような
ちいさなかたちをいっぱい
つないで、あじさい
みたいなかたちは
アメリカンフラワーの
むかしからの定番。

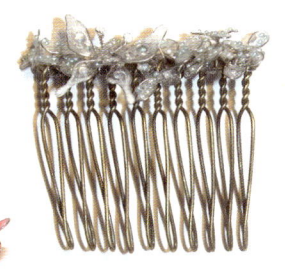

大小おおきさも自由
自然の花、どこにもない空想の花
いろんなかたちのパーツがつくれます。

パーツやモチーフの取りつけ金具には 金 銀 銅 の３つの基本色
定番の真鍮素材 アンティーク調の"古美"系
カラーバリエーションもあります

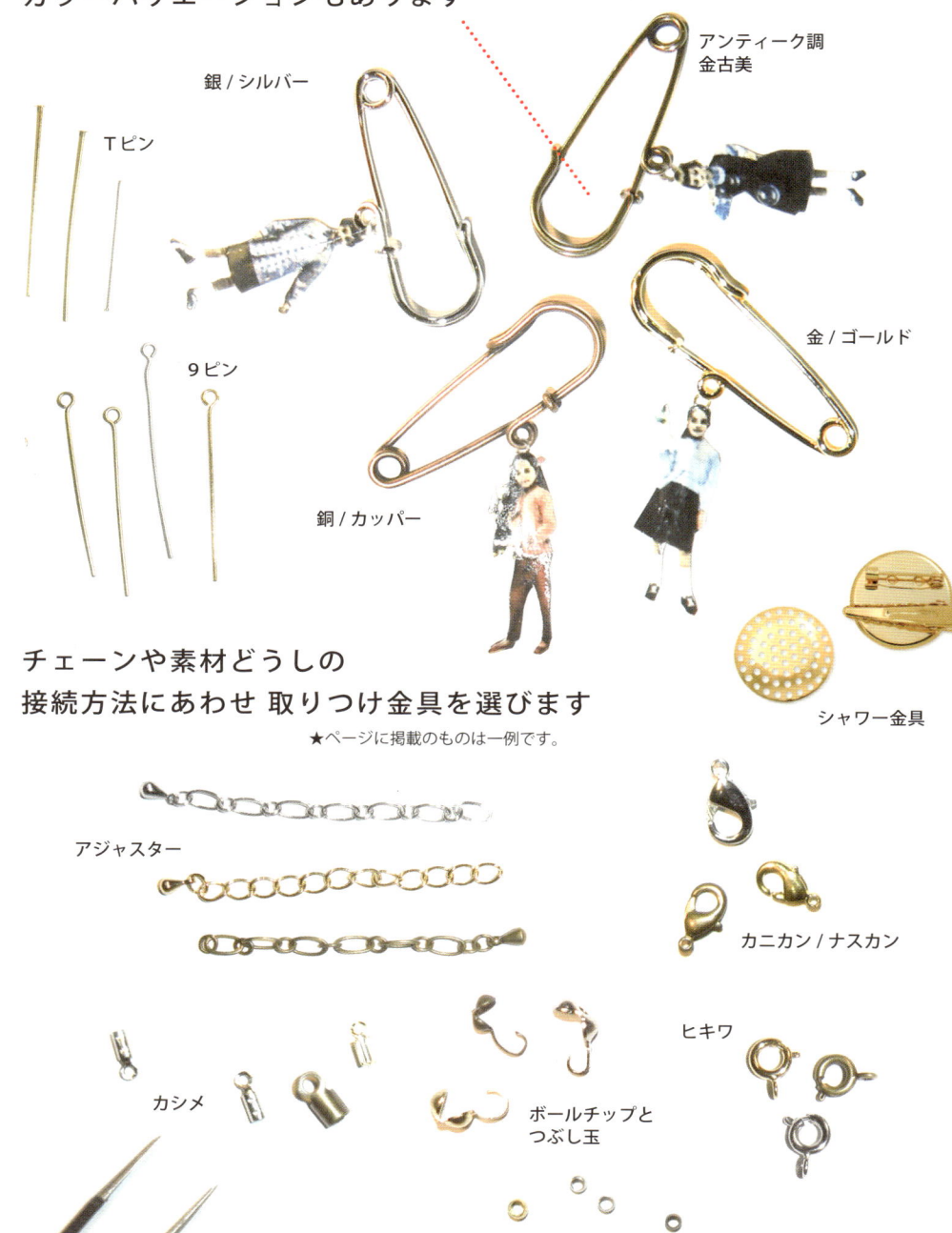

銀 / シルバー

アンティーク調
金古美

Tピン

9ピン

銅 / カッパー

金 / ゴールド

シャワー金具

チェーンや素材どうしの
接続方法にあわせ 取りつけ金具を選びます

★ページに掲載のものは一例です。

アジャスター

カニカン / ナスカン

ヒキワ

カシメ

ボールチップと
つぶし玉

基本の道具と基本の知識 / P.113

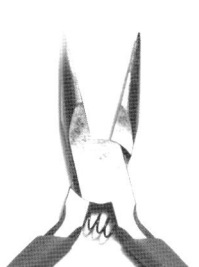

♯11 基本の道具と 基本の知識

自分でつくったパーツでオリジナルの
アクセサリーをつくる "手づくりのきほん" ノート

平ヤットコ
先端の内側が
平らになっているペンチ。
金具をはさんで固定したり
曲げたり、カンの開閉などに
使用します。

● **必要なもの**

丸ヤットコ
先端が丸くなっています。
カンの開閉や
9ピン・Tピンなどを
まるめる時に使います。

ニッパー
9ピン・Tピンなどの
金具をカットする
時に使います。

ピンバイス
カンのついていない
パーツなどに穴を開ける時に
使います。
先端の太さは種類があるので
使う金具の太さにあわせた
ものを用意します。
粘土など穴の開けやすい
素材なら目打ちで代用可能。

● **あると便利なもの**
目打ち
カンが通りやすいように、チェーンの穴をひろげるなど
細かい部分を微調整する時に使います。
指カン
カンの開閉用の道具です。

丸カンを開閉してパーツのつなぎ方

丸カン　Cカン　三角カン

● 丸カン

パーツをつなげる時に使用する一番基本の金具です。
Cカン、三角カンなどかたちのバリエーションがあり
デザインや用途にあわせて選びます。

● ヤットコを使った取りつけ方

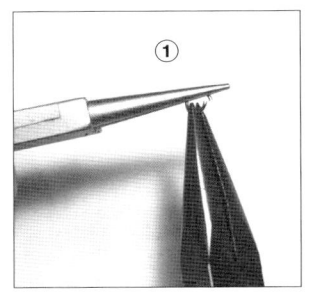

① 平ヤットコと丸ヤットコの2本を使用。1方のヤットコで丸カンを固定しもう一方で丸カンをずらして開きます。左右に開くのではなく前後にずらして開くのがポイント。

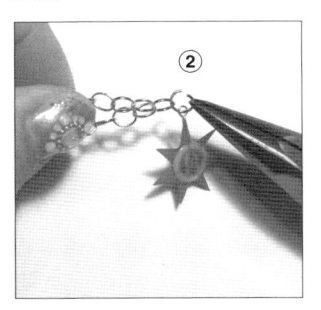

② 丸カンにパーツをつなげます。パーツの裏表がある場合は向きを確認してセットします。

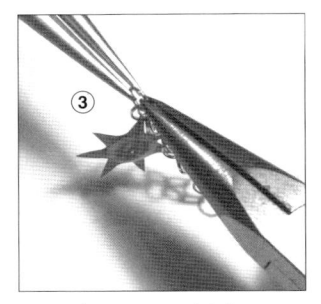

③ ふたたびヤットコを2本を使ってつなぎ目がきれいにあわさるように丸カンを閉じます。

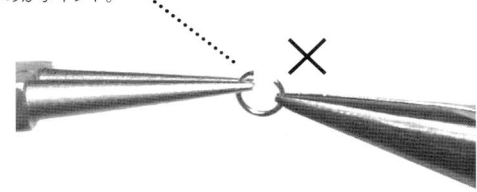

開け方に注意！
左右にひっぱるように丸カンの輪をひろげてしまうと、閉じる時に丸のかたちがくずれてしまったり、隙間ができてしまうのでヤットコを持つ手の動かし方に気をつけます。

● 指カンを使った取りつけ方

指カンは利き手ではない方の親指やひとさし指など使いやすい指にはめます。丸カンをしっかり溝にはめて手は動かさないようにして、平ヤットコでずらして開閉させます。

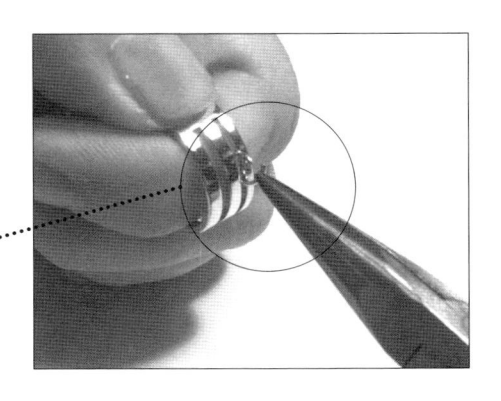

基本の道具と基本の知識 / P.115

9ピン・Tピンの使い方

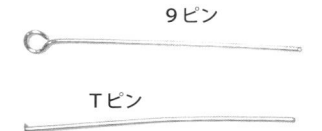

9ピン

Tピン

● 9ピン・Tピン

ビーズなど筒状に穴のあいたパーツをつなぐ時に使用します。
9ピンは、そのパーツの前後に他のパーツをつぐことができます。
Tピンは、そのパーツだけをつなげたい時に使います。

● 取りつけ方

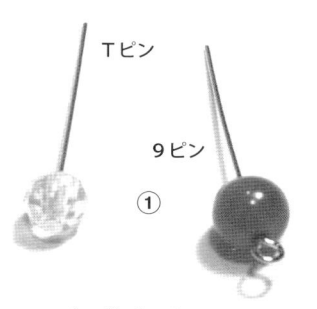

Tピン

9ピン

① ビーズなどのパーツにピンをさします。

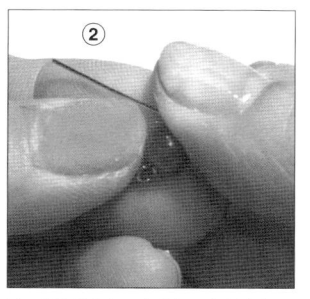

② ピンがゆるまないようしっかり底を押さえながら、うえの部分のピンを根元の部分から指で折り曲げます。

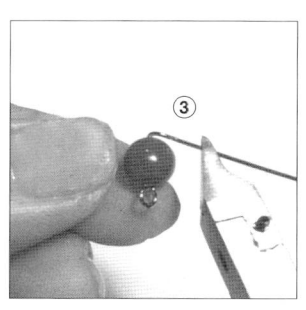

③ ピンを穴の部分から7〜8mmほど（つくりたい穴の大きさにあわせて）のこし、ニッパーで切ります。

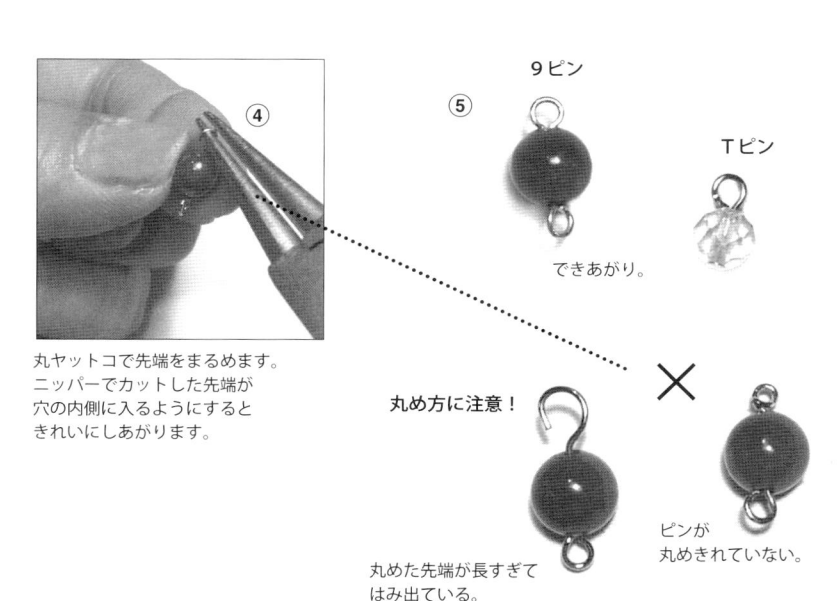

④ 丸ヤットコで先端をまるめます。ニッパーでカットした先端が穴の内側に入るようにするときれいにしあがります。

⑤ できあがり。

9ピン

Tピン

丸め方に注意！

丸めた先端が長すぎてはみ出ている。

ピンが丸めきれていない。

ボールチップとつぶし玉の使い方

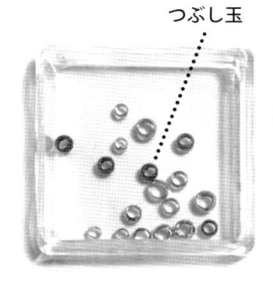

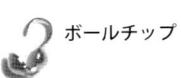

つぶし玉

ボールチップ

テグス糸や穴のないチェーンなど
両はしを処理する時に使います。
つぶし玉とボールチップをセットで使うので、両方の
サイズがあうように準備すること。
つぶし玉はちいさなビーズなどでも代用可能です。

● 取りつけ方

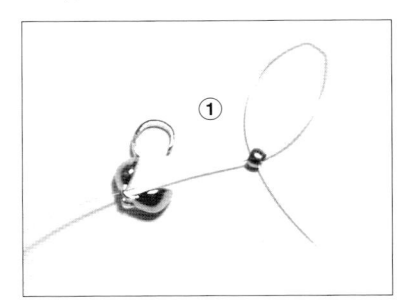

①
ボールチップ、つぶし玉の順で通し
テグスを1周させて、もう1度つぶし玉の
穴に通しておきます。

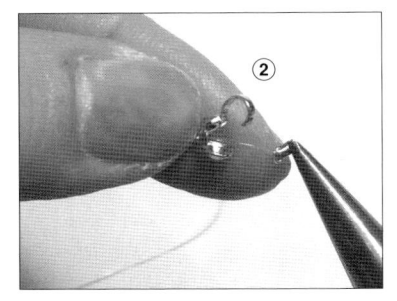

②
テグスをぎゅっとひっぱり
(引っぱった後で結んでおけばさらに丈夫です)
平ヤットコでつぶし玉をつぶして固定します。
よぶんなテグスをカットします。

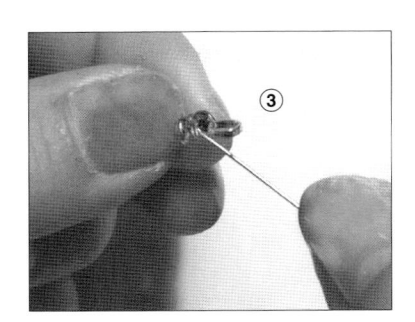

③
ボールチップのなかに接着剤を塗ります。
★針やつまようじなど先の細いものを利用すると
　塗りやすい。

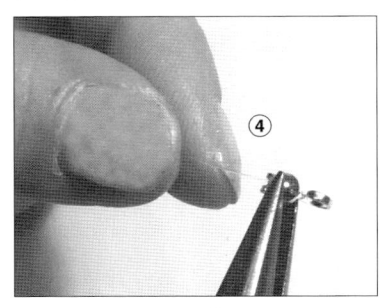

④
平ヤットコでボールチップを閉じます。
上部についている輪になる部分を
丸ヤットコできれいにまるめます。

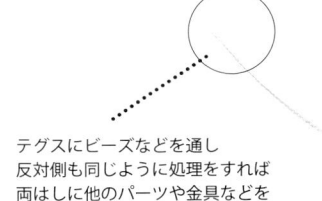

⑤
テグスにビーズなどを通し
反対側も同じように処理をすれば
両はしに他のパーツや金具などを
つけることができる。

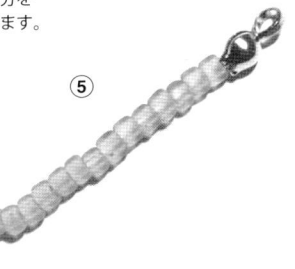

基本の道具と基本の知識 / P.117

パーツの素材にあわせた金具のつけ方

● ヒートン金具

レジン樹脂や粘土で作成したパーツなど
カンのついていないものにアクセサリーの
取りつけ部分をつくるのに便利な金具です。
パーツショップなどではちいさめのものが
中心ですが、ホームセンターなどでは
いろんなサイズのものが手に入ります。

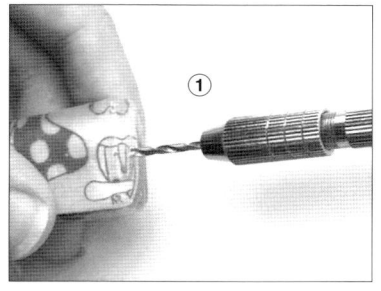

①
ピンバイス、目打ちなどで
ヒートンをつけたい場所に穴をあけます。
強く押し込むような感じでぐりぐりと回します。

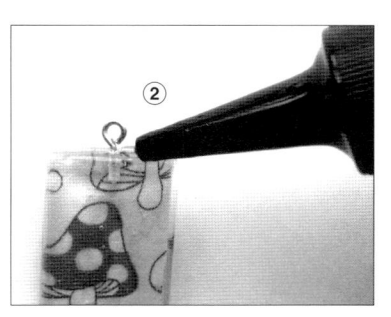

②
ヒートンの先が埋まるくらいの深さになったら
ヒートンをなかに入れ、接着剤を少量流し込み
つまようじなどできれいに整えます。
乾燥したら完成です。

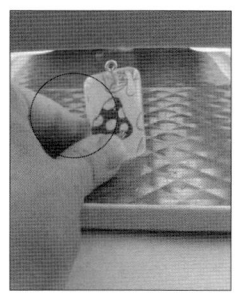

★UVレジンの作品を
つくる場合は
②で接着剤のかわりに
レジンの液を塗って
そのままUVライトで
硬化させるとしっかり
固定できます。

● カンつき板

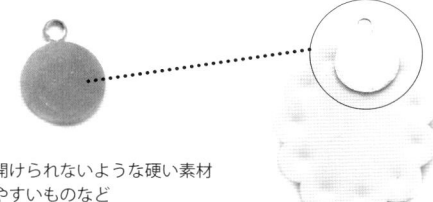

金具がつけにくい陶器や
紙やプラ板など穴開け時に破損しやすい
素材に便利な金具です。

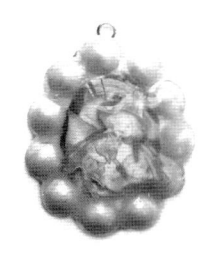

穴が開けられないような硬い素材
割れやすいものなど
ヒートンがつけられない場合
接着剤で貼りつけるだけで簡単に
カン付きのパーツをつくれます。

アルミ棒（アルミ丸棒）の使い方

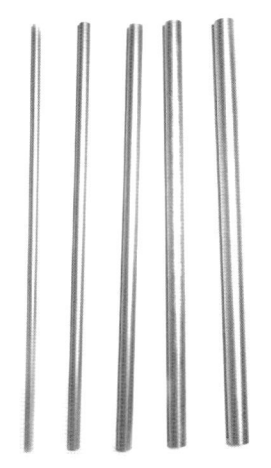

● 丸カンの自作

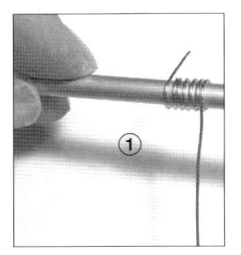

① つくりたい丸カンの直径のアルミ棒にワイヤーを均等にゆるみがないようしっかりと巻きつけていきます。

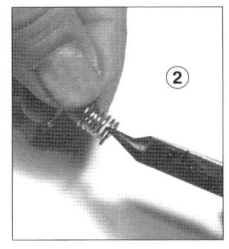

② 棒からぬき取り切る位置がずれないよう気をつけながらニッパーで1本ずつカットします。

③ 手づくり丸カンのできあがり。

直径3, 4, 5, 6, 7mm などのサイズがあります。
丸カンの自作やワイヤーをスプリングのように変形するパーツづくりに便利です。

使い方の一例

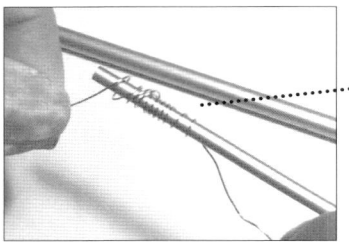

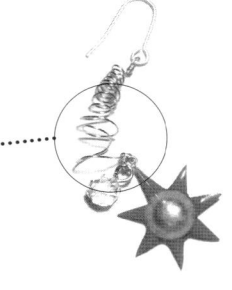

大、小のアルミ丸棒をさしかえながら、ワイヤーを巻きつけます。
ワイヤーの先をまるめ、ビーズやモチーフをつけ、ピアスやピンブローチなどの金具をつけるとくるくるらせんのアクセサリーに。

● ナイロンジョープライヤー

先端がナイロン素材でできている道具。
曲がってしまったワイヤーをまっすぐ伸ばすことができます。

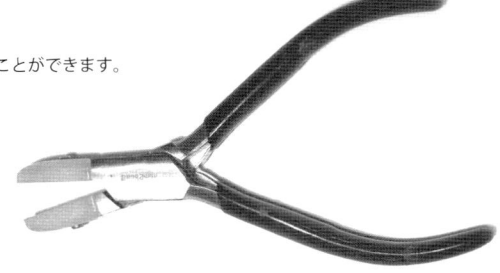

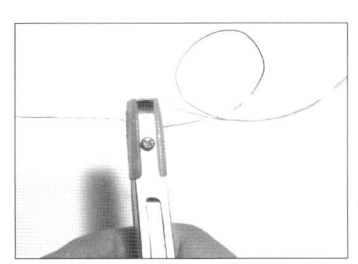

ワイヤーをはさんで横に伸ばします。

基本の道具と基本の知識 / P.119

左右対称モチーフパーツ
図案サンプル

花

ツリー

シルエットでつくる
モチーフパーツの　→P.100
つくり方は

りんご

鳥

洋なし

ふたば

きのこ

ちょうちょ

木

あじさい

● 往復編み

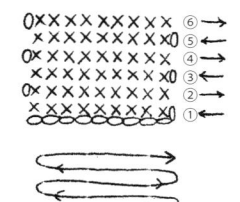

1段ずつ矢印の方向に表・裏と見ながら編んでいきます。

● 輪編み

輪のつくり目から編みはじめ段ごとにかならずひきぬきをして立ちあげを編みます。

● つくり目

中心から円のかたちを編む時

① 左手の人さし指に糸を2回巻きつけて輪をつくります。

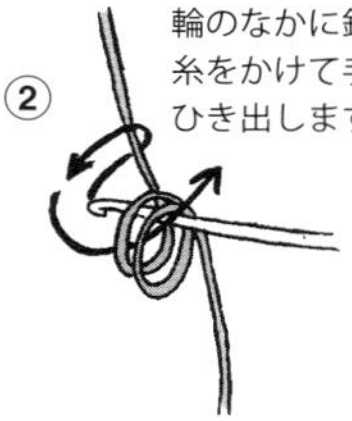

② 輪をはずして手に持って輪のなかに針を入れて糸をかけて手前にひき出します。

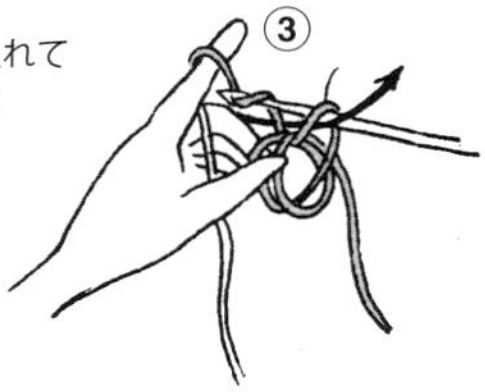

③ そして鍵先を糸にかけて糸をひき出し、立ちあがりのくさりを1目編みます。

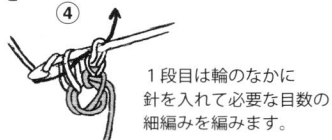

④ 1段目は輪のなかに針を入れて必要な目数の細編みを編みます。

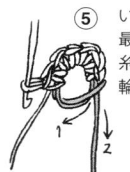

⑤ いったん針をはずし最初の輪の糸と糸はしをひいて輪をひきしめます。

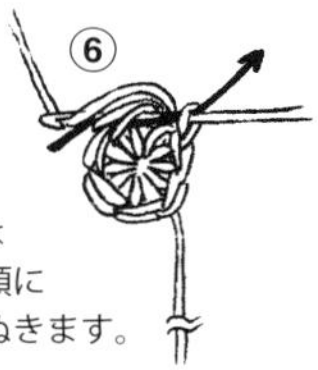

⑥ 1段目の終わりは最初の細編みの頭に針を入れてひきぬきます。

平編みの時

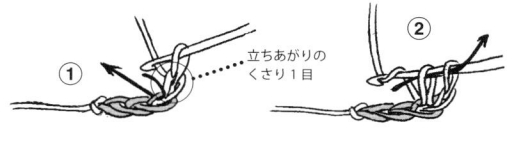

① 必要な目数のくさりと立ちあがりの分のくさりを編みはしから2目めのくさりに針を入れて糸をかけひきぬきます。 立ちあがりのくさり1目

② 針先に糸をかけて矢印のように糸をひきぬきます。

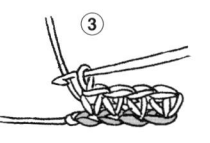

③ 1段目が編めたところ。
★立ちあがりのくさり1目は1目とは数えません。

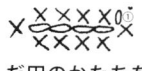

だ円のかたちを編む時

糸はしもいっしょにくるむと糸始末が不要になります。

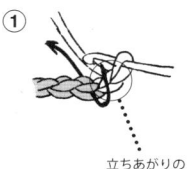

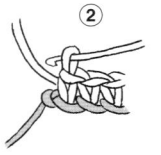

① 立ちあがりのくさり1目

② 5目めにもう一度入れます。

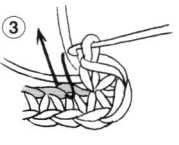

③ 編み地を回転させてつくり目の反対側からひろいます。

基本の道具と基本の知識 / P.121

かぎ針編みの基礎と方法

● 編み目記号

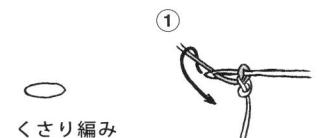

くさり編み ◯

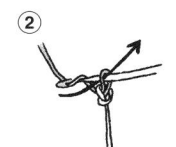

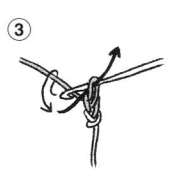

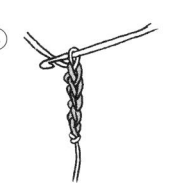

① 最初の目をつくり矢印のように針を動かします。
② 針に糸をかけループをひき出します。
③ おなじ動きをくり返していきます。
④ くさり編み5目の完成です。

ひきぬき編み ●

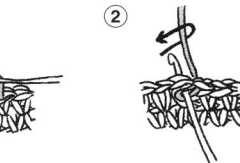

① 前の段に針を入れます。
② 針先に糸をかけます。
③ 糸を1度にひきぬきます。
④ ひきぬき編み1目の完成です。

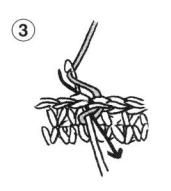

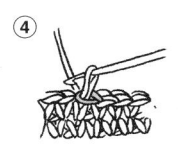

細編み ×　立ちあがり1目

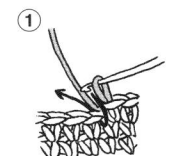

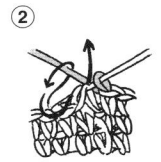

① 前の段に針を入れます。
② 針先に糸をかけてループを手前にひき出します。
③ 針先に糸をかけて2ループを1度にひきぬきます。
④ 細編み1目の完成です。

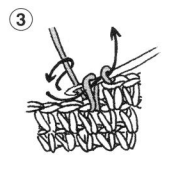

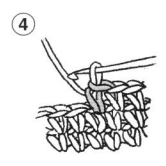

中長編み T　立ちあがり2目

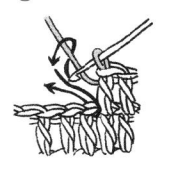

① 針先に糸をかけてから前の段に針を入れます。
② さらに針先に糸をかけてループを手前にひき出します。
③ 針先に糸をかけ3ループを1度にひきぬきます。
④ 中長編み1目の完成です。

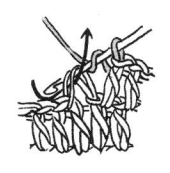

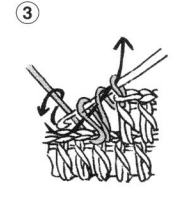

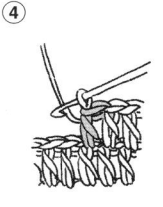

● 編み目記号

長編み
立ちあがり 3目

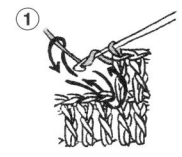

① 針先に糸をかけてから前の段に針を入れさらに糸をかけてループを手前にひき出します。
② 矢印のように針先に糸をかけて2ループをひきぬきます。
③ もう1度針先に糸をかけてのこりの2ループをひきぬきます。
④ 長編み1目の完成です。

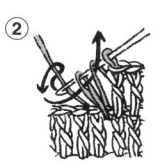

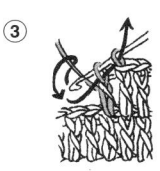

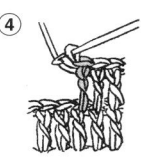

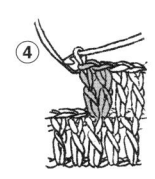

長々編み
立ちあがり 4目

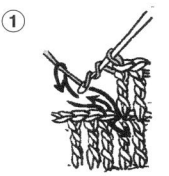

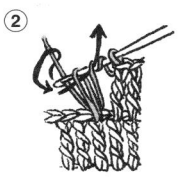

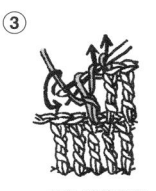

① 針先に糸を2回かけて前後に針を入れさらに糸をかけてループを手前にひき出します。
② 矢印のように針先に糸をかけて2ループをひきぬきます。
③ おなじ動作をさらに2回くり返します。
④ 長々編み1目の完成です。

くさり3目のひきぬきピコット

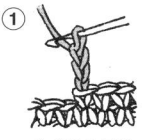

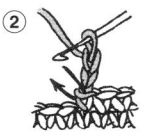

① くさり3目を編みます。
② 細編みの頭半目と足1本に逆Vに針をいれます。
③ 針先に糸をかけ3ループを1度にひきぬきます。
④ ひきぬきピコットの完成です。

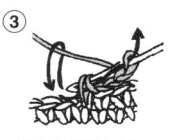

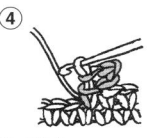

長編み2目1度

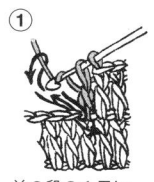

① 前の段の1目に未完成の長編み次の目に矢印のように針を入れて糸をひき出します。
② 針先に糸をかけ2ループをひきぬき2目めの未完成の長編みを編みます。
③ 針先に糸をかけて3ループを1度にひきぬきます。
④ 長編み2目1度の完成です。前の段より1目減った状態です。

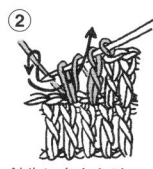

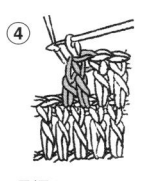

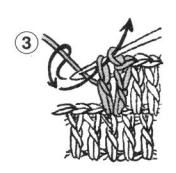

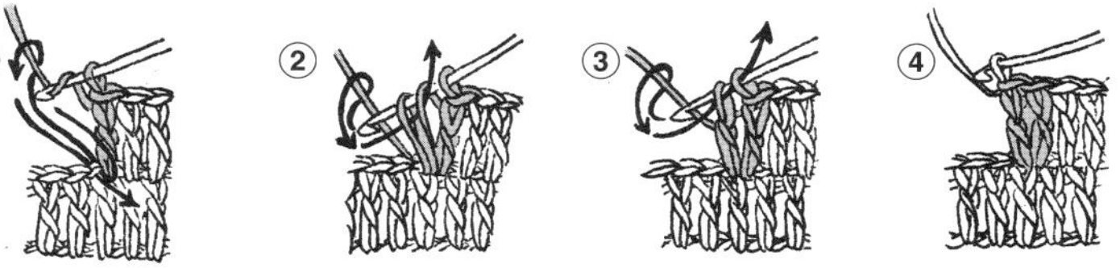

長編み2目編み入れる

① 長編みを1目編んだおなじ目にふたたび長編みを編み入れます。
② 針先に糸をかけて2ループをひきぬきます。
③ もう1度針先に糸をかけてのこりの2ループをひきぬきます。
④ 1目に長編みを2目入れました。前の段より1目増えた状態です。

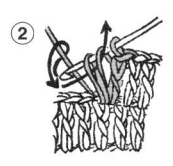

基本の道具と基本の知識 / P.123

● 前の段の目のすくい方

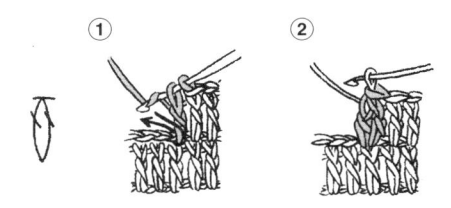

① ②

前の段の長編みの目に編みます。

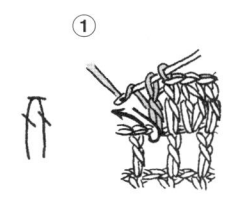

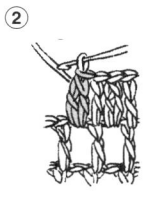

① ②

前の段のくさり目のもようにくるむように束にすくって編みます

● しあげ方

モチーフの最終段を編みながらつなぐ方法 / ひきぬき編み

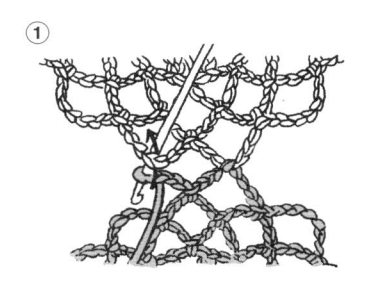

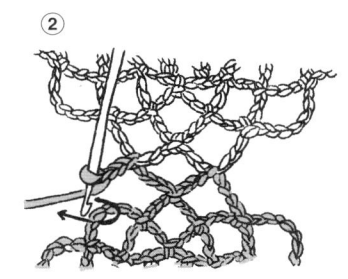

① ②

いったん編み目から針をはずして隣のモチーフの表側から針を入れて糸をひきぬきます。

編み終わりをつなぐ方法 / 輪編みの場合

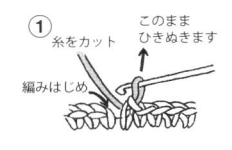

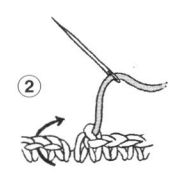

① 糸をカット　このままひきぬきます
編みはじめ

② 矢印のようにとじ針を透します。

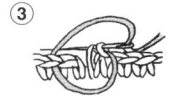

③ 編み終わりの目に通します。

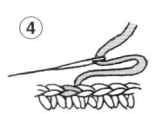

④ 糸はしを編み地に通して始末します。

モチーフの編み終わりの始末の方法

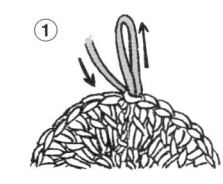

① 糸はしを15cm位のこしてカットしひき出します。

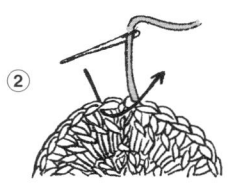

② とじ針で矢印のように糸を通しのこりはモチーフの裏にくぐらせて始末をします。

● 糸の始末の方法

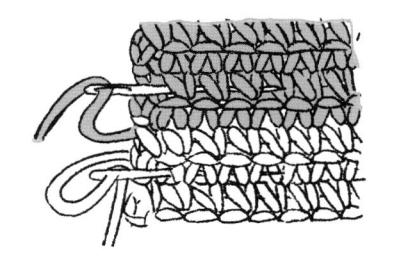

すべて編みあがったら
糸はしをとじ針に通して
編み地の裏側に始末します。

● ひきぬき編みのコードのつくり方

編み図

① 
② 
③

p.83 輪　編み図

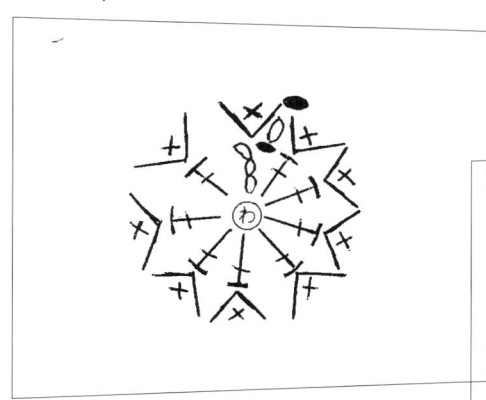

✖ 細編み2目編み入れる

✖ 細編み3目編み入れる

p.83 かご　編み図

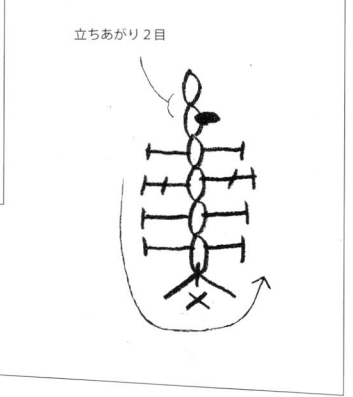

立ちあがり2目

くさり編み4目、立ちあがり2目
矢印の方向へ1周編んでいきます。
おなじものをもう1枚編み
ワイヤーであわせます。

技法指導・作品製作 作家さん プロフィール

とくだみゆき
「あ、ついてますよ」
そんな会話のきっかけに。
http://people.zozo.jp/tsuitemasuyo/

Rico (りこ)
ハンドメイドアーティスト。
アトリエは東京の西荻窪。
パーツをさがしてきて、ひらめきで
コラージュするさくひんを小鳥が集う
庭を眺めながらのんびり製作してます。
古い可愛いモノ好き。
シスター社としてもいろいろつくってます。

神保町手芸部 (momo*) (じんぼうちょう しゅげい ぶ もも)
神保町から歩いて1分のとあるビルの地下で
すきなときにすきなだけアクセサリーや
おうちをつくっています。
部員も随時募集中。いつでもあそびにきてね。
http://jimbochou.com
http://f1ower.shop-pro.jp
http://hug2chu2.com
http://twitter.com/hug2chu2

酒井 響子 (さかい きょうこ)
デンマークで刺繍、織物、編み物などの手工芸を学ぶ。
帰国後、パターンについて勉強し、現在は小物を
中心に、少しずつ作品づくりをしています。

Ange epais / 橋本さおり (あんじぇ ぱいす はしもと)
樹脂と手編みを中心に天然石
ガラス、フェルトなどの素材や
様々な手法をあわせたシックで
ナチュラルなアクセサリーを
つくっています。
www.ange-epais.com

deux cocons (どう ここん)
高校服飾科を卒業後、アパレル勤務を経て
パティシエに転身。その後、刺繍の魅力に
目ざめ作家活動を開始。
2007年からは deux cocons として
自然をモチーフにした刺繍作品
(主にブローチ)を中心に制作活動を継続中。
deuxcocons@hotmail.co.jp

mika / La Ronde Des Fees (みか ら ろんど で いっ ふぃ)
「自然との調和」をコンセプトにした
ブランド La Ronde Des Fees のデザイナーとして
手づくりにこだわった作品を手がけている mika です。
百貨店や様々なイベントに出展。
ソーシャルマーケット creema にてネット
販売も展開中。
http://www.larondedesfees.jp
https://www.facebook.com/larondedesfees

うかり / うたうたう虹 (にじ)
ちょっとヘンテコだけど、かわくていやされる
埴輪や土偶などをモチーフにした作品を
つくっている。
樹脂、粘土
その他いろんな素材の組みあわせに挑戦中。
「どぐこの秘密」 http://dogukodogudogu.blog.fc2.com/

ナガサカ ヒサコ

ストーリーのある作品を制作しています。
http://cotohogue.blog55.fc2.com/

鈴木メイ
すずき

帽子・パーツ作家／デザイナー
武蔵野美術大学卒業後
バンタンキャリアスクール帽子学科に通い
帽子デザイナー職に就く。
平行して帽子・コサージュの作家として
不定期にアートイベント等に参加。
イメージに添うディテールを求め
パーツづくりをはじめる。

KIRSCH
きるしゅ

シルバーや真鍮アクセサリーを中心に
いつも身に着けていたくなるような
シンプルなものから、ちょっとへんてこなものまで。
ひとつひとつ丁寧につくっています。
http://www.kirsch.jp/

スモッキング　atelier green
あとりえ　ぐりーん

布にひだを寄せながら刺繍する、『スモッキング』と
いう技法を使って、洋服や、布小物を製作しています。
ノスタルジックな雰囲気を持つ
かわいらしい刺繍です。
作品取扱店
amulet（東京 押上）irodoriya（渋谷）
http://www016.upp.so-net.ne.jp/atelier-green/

お拾いもの
ひろ

道ばたに落ちた記憶。置かれたまま忘れられた宝物。
それらを拾いあつめ、かたちにしています。
虫や植物など自然をモチーフに
様々な素材でアクセサリーや雑貨を製作。
置いているお店
ニヒル牛2（西荻窪）
http://ohiroimono.jugem.jp/

moco
もこ

ちっちゃいものでも温もりが伝わりますように
チクチク手縫いでつくっています。
http://moco-channnel.cocolog-nifty.com/blog

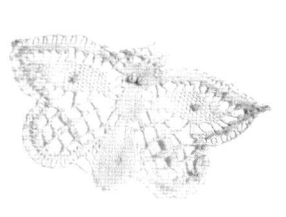

Exprimer / kaoru
えくすぷりめ　かおる

グラフィックデザイナーでもあり、作家活動を開始。
花雑貨、アクセサリー、紙ものなど
様々な分野で活動中。イベントやワークショップ
コラボレッスンなども行っています。
ぜひエクプリメの世界をご覧ください！
http://ameblo.jp/exprimer-design
http://exprimer.co.jp

雑草魂
ざっそうだましい

つぶつぶ羊毛フェルト作家。
主に羊毛フェルトをつぶつぶにして制作。
なんかかわいい……何か気になる……
そんな作品をつくりたいと思っています。
http://ameblo.jp/zassoudamashi-i/
https://twitter.com/zassou123
http://www.facebook.com/zassoudamashii

技法指導・作品製作 作家さん プロフィール /P.127

桑原恵美子
（くわばらえみこ）

東急 BE たまプラーザ講師。
著書として『かぎ針編みのあったかこもの』
（ブティック社）など各誌掲載。
手編みとビーズ，刺繍、タッセルなど雑貨や
アクセサリーをつくっています。

smilucky／白神寛子
（すまらき／しらかみひろこ）

手芸作家＆グラフィックデザイナー。
動植物モチーフを中心としたちょっとキッチュな
雑貨やアクセサリーを制作。
http://smilucky.web.fc2.com/index.html
http://www.facebook.com/8smilucky8
https://twitter.com/8smilucky8

うめはらはつみ

1986 年、静岡生まれ。
日本大学芸術学部演劇学科装置コース卒業。
大学では舞台美術を学び
劇場のセットデザインが多かったが
今回は手芸パーツの世界に挑戦。

houta/ 宝手
（ほうた／ほうた）

天使の羽やリボンにキラキラ、新しくて古いモノ
トキメキモチをずっと忘れない立体的
自由な発想で、大人カワイイ多面性を追求してます。
南青山 ACJ カルチャースクール講師。
作品取扱店
表参道アンシャンテ
青山ベルコモンズ
www.ameblo.jp/houtanoblog

ぷてらのどん

出版社の編集（手芸・情報誌等）を経てフリー。
色彩・美術・アロマ・エコ・スノードーム等の検定
資格を手仕事（毛糸やフェルト、布、ＵＶレジン）と
融合させて（？）、ほっこり和める作品づくりを
目指しています。
ハテフナットの雑貨屋さん（吉祥寺）他で販売中。
http://ameblo.jp/pterano-green/

A.S.P しばた あい
（えーえすぴー）

ペーパークイリングという技法を基本として
紙を使用したアクセサリー・額作品・カードなどを
展示販売しています。
あたたかな、気持ちをお届けできますように……。
作品取扱店
amulet（東京 押上）
http://ameblo.jp/ai-tedukuri/

荻野さやか
（おぎの）

羊毛フェルトやビーズで鳥や動物を中心に
手づくりをしています。
実際の動物のいろやかたちの素敵さが
伝わるといいなと思いながらつくっています。
http://suuhou.jugem.jp/

パーツからつくるアクセサリー　こんなの初めて♪手法とアイデア

編　　者	くりくり編集室　（石坂　寧）
デザイン	石坂 寧
撮　　影	わだりか　星野スミレ
モ デ ル	一ツ木香織　増田裕子
文　　章	石坂 寧
編集協力	加門佑人　マロン堂　神保町手芸部　まっちゃん　たあちゃん　うめちゃん
発　　行	株式会社 二見書房 東京都 千代田区三崎町 2-18-11 Tel. 03-3515-2311（営業）03-3515-2313（編集） 振替　00170-4-2639

印刷・製本　図書印刷株式会社

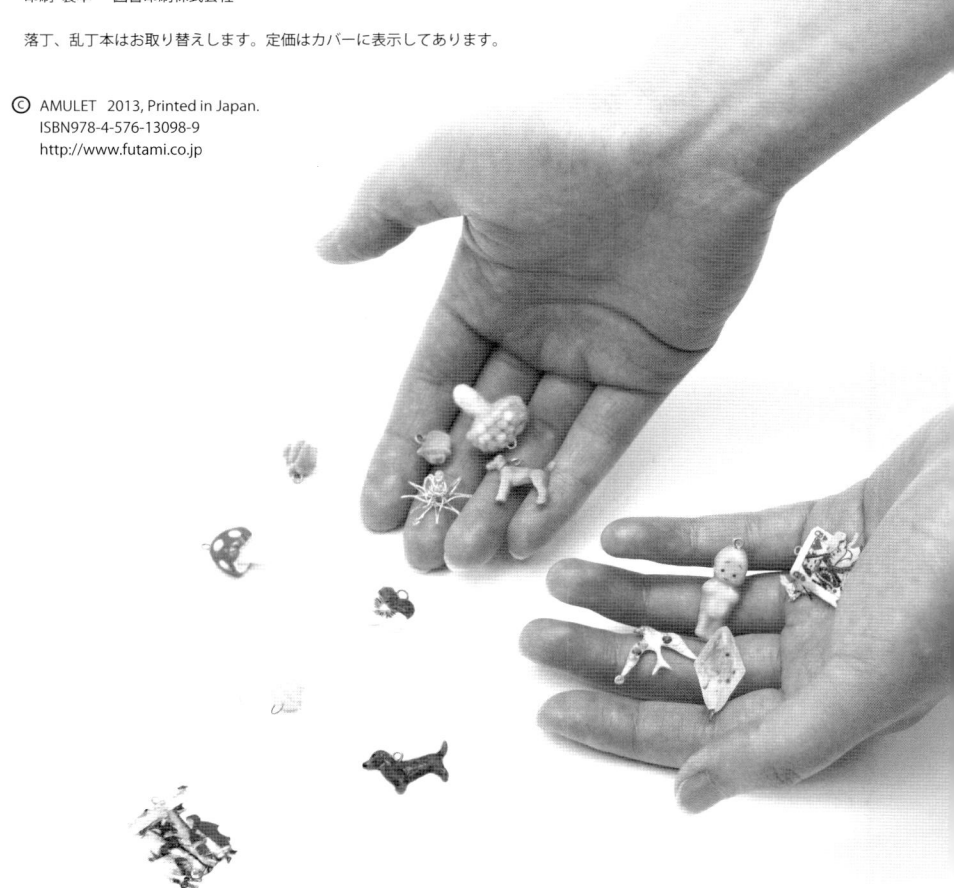

落丁、乱丁本はお取り替えします。定価はカバーに表示してあります。

Ⓒ AMULET　2013, Printed in Japan.
ISBN978-4-576-13098-9
http://www.futami.co.jp